막힘없이
통하는
**여행
중국어회화**

SAMJI ●●● BOOKS

머리말

인생 자체가 여행이 아닌가 싶습니다. 중국의 시인 왕유는 이런 말을 남겼습니다. "책을 만 권 읽는 것은 만리의 길을 걷는 것만 못하다."
여행길에 많은 것을 보고듣는 것은 마치 인생길을 걷는 것처럼 느껴집니다. 같은 한자 문화권에서 문화와 역사의 고적지를 답사하다 보면, 인생의 초조함은 어느새 그곳에 묻히고, 낡은 유적에 정신을 빼앗기며 또한 인류의 지혜를 얻습니다. 그리고 언어를 생각하게 됩니다.
언어 없이는 그 어느 것도 얻을 수 없습니다. 관광 가이드가 내 마음의 전부를 표현해 줄 수는 없는 것입니다. 이 때 짧은 대화나마 직접 구사하면 현지인은 감격할 겁니다. 언어는 마음의 표정, 생각, 감정을 소리를 통해 상대방에게 전달하는 것입니다. 돈 많은 것보다 하나의 언어를 습득하는 것이 진정한 부자라고 볼 수 있습니다.

본서는 중국 여행을 염두에 두고 중국에 대한 학습은 물론 중국어에 대한 기초적인 지식을 습득하려는 여행자들을 위해 저술했습니다. 그들이 손쉽게 중국어로 말하는 데 도움을 주기 위해 기본 회화 상식을 포켓북으로 엮었습니다.
이 책에 쓰여 있는 간단한 회화 한 마디를 현장에 접근하기 전에 몇 번이고 읽어 보기 바랍니다. 그리고 이것을 외국인에게 과감히 구사해 보기 바랍니다. 그렇게 하면 여행을 하는 또 다른 묘미를 느끼실 겁니다.

차례

머리말 — 3
이 책의 특징과 사용법 — 8
중국어의 발음 — 9
기본회화 — 13

주의사항 14
인사 16
헤어질 때 18
감사의 말 20
사과의 말 22
질문과 대답 24
도움을 청할 때 26
부탁의 말 28
축하의 말 30
자기 소개 32

도착할 때까지 — 35

주의사항 36
비행기 안에서 39
탑승 전 혹은 대기 43
입국심사 45
짐을 찾다 48
짐이 없어졌을 경우 49
통관(세관 신고) 50
주의사항(환전) 52

환전	54
공항에서 호텔까지	56

호텔에서　　　　　　　　　　59

주의사항	60
체크인	62
룸 서비스(Ⅰ,Ⅱ)	69
팁은 필요한가?	73
호텔에서 발생할 문제들	75
체크 아웃	78

교통　　　　　　　　　　　　81

주의사항	82
택시를 타다	84
길을 묻다	88
길을 잃었을 때	90
누군가 길을 물 때	92
버스를 타다	93
지하철을 타다	100
주의사항	102
기차를 타다	104
주의사항(근교 버스를 타다)	113
장거리 버스를 타다	114
관광버스를 타다	116
주의사항(비행기 타기)	119
국내 비행기를 타다	121

차례

주의사항(자전거를 빌리다)	*123*
자전거를 타다	*124*

중국인과의 대화 — **127**

주의사항	*128*
처음 만났을 때	*129*
직업을 묻고자 할 때	*135*
학생을 만날 때	*138*
가족상황을 물을 때	*143*
취미를 묻고자 할 때	*145*
헤어질 때	*149*

식사 — **153**

주의사항	*154*
식당 예약	*158*
식당에서(Ⅰ,Ⅱ)	*159*
식사약속을 하다(Ⅰ)	*169*
식사약속을 하다(Ⅱ)	*173*
주의사항	*175*
연회석에서	*176*
메뉴 보는 법	*179*

관광 · 스포츠 — **197**

주의사항	*198*
화장실이 어디 있습니까?	*200*
고적지를 관광하다	*201*

사진 찍다	209
주의사항(오락에 관해서)	212
영화·연극 구경	214
취미생활을 물을 때	218
디스코 텍에서	222
스포츠를 즐길 때	224

쇼핑 — 227
주의사항	228
의류 가게에서	229

우표·전화 — 247
주의사항	248
편지를 부칠 때	249
전화를 걸 때	251

사고가 났을 때 — 261
주의사항	262
병에 걸렸을 때	264
도난·분실의 경우	273

이 책의 특징과 사용법

▶ 같은 한문권이지만 관용표현어가 다른 것이 많습니다. 이 책에선 여러분께서 마음에 쉽게 닿는 한문을 골라서 짧은 회화로 엮었습니다.
식사할 때, 교통편을 이용할 때, 호텔에서, 공항에서, 중국인과 대화할 때 좋은 가이드·친구가 되어줄 것입니다.

▶ 중국어 특유의 성조가 있기 때문에 어려움을 느껴 멀리할 경우가 있는데 정확한 설명을 보시면 오히려 재미가 있습니다. 한글 표기를 참조하시면 더욱 빠릅니다.

▶ 한문의 뜻이 다른 어느 나라 언어보다 빨리 마음에 와 닿고 기억된다는 점을 잊지 마십시오.

▶ 다만 이 책을 이용하실 때 다른 언어와 달리 중국어가 고립어이고 표의문자이기 때문에 발음과 성조를 익힌 다음 공부하시면 더욱 쉽고 재미있습니다.

'좋은 시작이 성공의 반입니다.'
언어와 인생을 얻을 것입니다.

중국어의 발음

세계의 5분의 1이 중국어를 사용하고 있습니다.

세계화를 향한 이 시대에 중국어를 배운다는 것은 의미 있는 일입니다.

중국은 비록 방언이 많아서 가까운 지역끼리도 언어 소통이 잘 안 되지만 1900년부터 북경어를 중심으로 고등교육을 받은 사람이 하는 말을 표준어로 삼고 전국적으로 통용되고 있습니다.

중국어의 발음은 성모(자음) 21개, 운모(모음) 16개와 성조 4개가 있습니다. 성모와 운모가 합쳐져서 411개의 음이 나옵니다. 매 음마다 4개의 성조가 있습니다. 음이 많지 않기 때문에 어렵지 않습니다. 다만 성조의 연습이 좀 필요합니다. 비결은 흉내를 내면서 과감하게 많이 소리를 내는 겁니다. 성조가 틀리면 상대방이 잘못 알아 듣는다는 점을 유의하십시오. 그러나 어미 변화가 없고 시제가 분명치 않아서 대부분 관습적인 어순과 윗 문장이 시제를 결정합니다.

그럼 간단하게 성모와 운모를 소개하겠습니다.

성 모

B [보]	P [포]	M [모]	F [포]	D [더]
T [터]	N [너]	L [러]	G [거]	K [커]
H [흐어]	J [지]	Q [치]	X [시]	Zh [즈]
Ch [츠]	Sh [스]	R [르]	Z [쯔]	C [츠]
S [쓰]				

중국어의 발음

🔁 주의해야 할 발음

F   윗니로 아래 입술 안쪽을 눌러주시고 음을 모아 순간 다물고 있는 윗니와 아래 입술을 뚫고(폭발하듯이) 음을 내보냅니다.

Zh, Ch, Sh   입을 한일(一)자 모양으로 하며 치아는 약간 열어주며 혀끝 부분을 약간 구부려서 입천장에 달랑말랑하면서 각각 '즈', '츠', '스' 음을 냅니다.

R   음은 치아를 많이 열고(볼펜이 통과할 정도로) 혀끝을 아래 윗니에 닿지않게 하면서 '르' 음을 냅니다.

운 모

yi [이]	wu [우]	yu [위]	a [아]
o [오]	e [으어]	e [에]	ai [아이]
ei [에이]	ao [아오]	ou [어우]	an [안]
en [으언]	ang [앙]	eng [엉]	er [얼]

🔁 주의해야할 발음

er   '얼' 발음에서 혀끝을 목구멍을 향해서 더 구부려 줍니다.

yu   '위' 음이 끝날 때까지 입모양은 그대로 둡니다.

성조

제 1 성(-)   어머니께서 부르실 때 우리는 '네' 하면서 대답합니다. 이때 내는 성조가 1성에 가깝습니다.

제 2 성(/)   상대방이 당치도 않은 말을 하고 있을 때 '네' 하면서 대답하는 성조가 2성에 가깝습니다.

제 3 성(∨)   못 알아듣는 말을 마침내 알아 들었을 때 하는 '네' 성조가 바로 3성의 성조입니다.

제 4 성(\ )   전화벨이 울려서 전화를 받습니다. 전화속에서 "거기가 여행사입니까?"라고 말합니다. 이때 "네, 네"라고 대답하죠. 이때 내는 성조가 4성에 가깝습니다.

▶ 주의해야 할 점

고개는 항상 상대방을 주시하면서 말하는 자세를 유지하시고 성조를 내십시오. 2성이면 고개를 올리고 3성이면 고개를 반원을 그리면 안 됩니다.

중국어의 발음

기본 회화

주의사항 14
인사 16
헤어질 때 18
감사의 말 20
사과의 말 22
질문과 대답 24
도움을 청할 때 26
부탁의 말 28
축하의 말 30
자기 소개 32

주의사항

▶ **중국에서 '하우 아 유'라고 하지 마십시오.**

특히 동양인은 중국 여행지에서 중국인을 만났을 때 '하우 아 유'라고 하지 마십시오. 상대방이 영어를 할줄 알면 다행이지만 그렇지 않을 경우 실례가 됩니다.

중국은 아직 대국주의 사상을 갖고 있습니다. 뿐만 아니라 그 나라를 여행할 때 그 나라 인사말을 알아두는 것이 예의입니다.

'하우 아 유' 대신 '닌 하오 마?'라고 하십시오.

▶ **중국에서 가장 많이 사용하는 말**

'닌 하오 마?'(안녕하십니까?) 하루 동안 가장 많이 사용하는 말입니다. 시도 때도 없이 헤어졌다 잠시 후에 만나도 마찬가지지만 같은 분에게 전화 통화할 때도 '닌 하오'로 시작합니다.

인사에 인색한 한국분에게 특히 주의해야 할 점입니다.

▶ **칭호를 정확히 사용합시다.**

사복을 입은 남성에게 '시엔 셩'(先生)이라 칭합니다.

연세가 많으신 남자분에겐 '라오 시엔 셩'(老先生)이라고 합니다.

사복을 입은 여자분에게 '샤오 지예'(小姐)라 칭하며, 할머니에겐 '라오 타이 타이'(老太太)라 합니다. 중년부인일 경우 자기 칭호를 밝히기 전까지 '샤오 지예'라 부릅니다.

고등학교 남녀 학생은 '통 쉬예'(同学)라 부르며 중학생일 경우 남학생은 '샤오 띠띠'(小弟弟), 여학생은 '샤오 메이메이'(小妹妹)라고 부르고, 초등학교 학생은 '샤오 펑 여우'(小朋友)라 부릅니다.

아직도 많은 지방에서는 '퉁즈'(同志)라고 부르는 경우가 있습니다. 1985년 전까지는 '동지'라고 서로 칭했지만 그후 문호개방 정책에 따라 언어 개방도 되었습니다. 미소로 받아 주십시오.

주의사항

인 사

'您好!'는 중국인이 하루 동안 가장 많이 사용하는 말입니다. 기본적으로 존칭은 없으나 인칭엔 있습니다. '你'가 아니고 '您'입니다.

안녕하십니까!

您　好！
Nín　hǎo !
닌　　하오

좋은 아침입니다!

早　上　好！
Zǎo　shang　hǎo !
즈아오 스앙　하오

안녕히 주무셨습니까!

早　安！
Zǎo　ān !
즈아오 안

안녕히 주무십시오! (헤어질 때나 만났을 때)

晚　安！
Wǎn　ān!
완　　안

伯父您好！	보 푸 닌 하오	아버님 안녕하십니까!(친구 부모)
伯母您好！	보 무 닌 하오	어머님 안녕하십니까!(친구 부모)
家人都好吗！	지야 런 떠우 하오 마	집안 식구 모두 안녕하십니까?
最近好吗！	즈우에이 찐 하오 마	최근 별일 없으십니까?

오랜만입니다!

好 久 没 见！
Hǎo jiǔ méi jiàn!
하오 지여우 메이 지엔

당신을 알게 되어 기쁩니다.

认 识 您 很 高 兴！
Rèn shi nín hěn gāo xìng!
런 스 닌 헌 까오 씽

만나뵙게 되어 행운입니다.

幸 会！幸 会！
Xìng huì! Xìng huì!
씽 후에이 씽 후에이

요즘 어떻습니까?

近 来 怎 么 样？
Jìn lái zěn me yàng?
찐 라이 전 머 양

인사

헤어질 때

정중한 자세로 헤어지는 인사를 합시다. 천천히 발음을 냅니다. 상대방이 정확히 들을 수 있게.

안녕히 가세요!

再 见!
Zài jiàn!
즈아이 지엔

제가 작별 인사를 해야겠습니다.

我 要 告 辞 了。
Wǒ yào gào cí le.
워 야오 까오 츠 러

몸 건강하십시오!

请 保 重!
Qǐng bǎo zhòng!
칭 바오 쭝

다음에 또 뵙겠습니다!

改 天 再 见!
Gǎi tiān zài jiàn!
까이 티엔 즈아이 지엔

明天见！	밍 티엔 지엔	내일 뵙겠습니다.
晚上见！	완 스앙 지엔	저녁에 뵙겠습니다.
好走！	하오 저우	잘 가세요.
请回！	칭 후에이	들어 가세요.

한국에서 뵙겠습니다!

韩 国 见！
Hán guó jiàn!
한 꾸워 지엔

나오지 마십시오!

别 送！
Bié sòng!
비예 쏭

안 나가겠습니다!

不 送！
Bú sòng!
부 쏭

잘 다녀오십시오.(먼 길을 가는 분에게)

祝 您 一 路 平 安。
Zhù nín yí lù píng ān.
쥬 닌 이 루 핑 안

헤어질 때

감사의 말

중국인은 '시예 시예'라는 말을 '닌 하오' 다음으로 많이 사용합니다. 도움과 칭찬을 받았을 때 '시예 시예'라는 말을 잊지 맙시다.

감사합니다.

谢 谢 您！
Xiè xie nín!
시예 시예 닌

별 말씀을요.

不 客 气！
Bú kè qi!
부 커 치

초대에 감사드립니다.

谢 谢 您 的 招 待。
Xiè xie nín de zhāo dài!
시예 시예 닌 더 즈아오 따이

대접이 소홀했습니다.

怠 慢！怠 慢！
Dài man! Dài man!
따이 만 따이 만

20-21

您太客气了。	닌 타이 커 치 러	너무 예의를 차리십니다.
太感谢您了。	타이 깐 시예 닌 러	대단히 감사드립니다.
谢谢您的好意。	시예 시예 닌 더 하오 이	당신의 호의에 감사드립니다.
谢谢您的指点。	시예 시예 닌 더 즈 디엔	지도해 주셔서 감사합니다.

수고하셨습니다.

辛 苦 您 了。
Xīn kǔ nín le.
씬 쿠 닌 러

폐를 끼쳤습니다.

麻 烦 您 了。
Má fan nín le.
마 판 닌 러

다행히도 당신 도움이 있었습니다.

多 亏 您 帮 忙。
Duō kuī nín bāng máng.
뚜워 쿠에이 닌 빵 망

사양하지 마십시오.

请 不 要 客 气。
Qǐng bú yào kè qi.
칭 부 야오 커 치

감사의 말

사과의 말

비록 상대방이 잘못을 했어도 내가 먼저 사과합시다. 그러나 중국에선 허리를 굽혀 가면서 하지는 않습니다.

미안합니다.

对 不 起!
Duì bù qǐ!
뚜에이 뿌 치

관계없습니다.

没 关 系。
Méi guān xi.
메이 꾸안 씨

개의치 마십시오.

请 不 要 介 意。
Qǐng bú yào jiè yì.
칭 부 야오 지예 이

양해해 주십시오.

请 原 谅!
Qǐng yuán liàng!
칭 위엔 리양

是我的不是。	스 워 더 부 스	제 잘못입니다.
是我的错。	스 워 더 츠워	제 잘못입니다.
太对不起了。	타이 뚜에이 뿌 치 러	너무 미안합니다.
您费心了。	닌 페이 씬 러	걱정을 끼쳐 드렸습니다.

죄송합니다.

抱 歉。
Bào qiàn.
빠오 치엔

별일 없습니다.

没 事儿。
Méi shìr.
메이 스얼

제 잘못입니다.

是 我 不 对。
Shì wǒ bú duì.
스 워 부 뚜에이

모두 제 탓입니다.

都 怪 我 不 好。
Dōu guài wǒ bù hǎo.
떠우 꽈이 워 뿌 하오.

사과의 말

질문과 대답

즐거운 여행을 위해서 중국 사람에게 중국어로 간단한 질문을 해 봅시다.

당신의 성은 무엇입니까?

您 贵 姓?
Nín guì xìng?
닌 꾸에이 씽

제 성은 김입니다.

我 姓 金。
Wǒ xìng Jīn.
워 씽 찐

이것은 무엇입니까?

这 是 什 么?
Zhè shì shén me?
즈어 스 션 머

이것은 술잔입니다.

这 是 酒 杯。
Zhè shì jiǔ bēi.
즈어 스 지여우 베이

多少钱?	뚜워 스아오 치엔	얼마입니까?
是好的吗?	스 하오 더 마	좋은 것입니까?
现在几点钟?	시엔 즈아이 지 디엔 쭝	지금 몇시 입니까?
好不好?	하오 뿌 하오	좋아요, 싫어요?

당신은 한국어 할 줄 압니까?

您 会 说 韩 国 话 吗?
Nín huì shuō Hán guó huà ma?
닌 후에이 슈워 한 꾸워 화 마

저는 조금 할 줄 압니다.

我 会 说 一 点儿。
Wǒ huì shuō yì diǎnr.
워 후에이 슈워 이 디얼

당신은 한국에 가본 적 있습니까?

您 去 过 韩 国 吗?
Nín qù guò Hán guó ma?
닌 취 꾸워 한 꾸워 마

이것은 당신 것입니까?

请 问, 这 是 您 的 吗?
Qǐng wèn, zhè shì nín de ma?
칭 우언 즈어 스 닌 더 마

질문과 대답

도움을 청할 때

불필요한 시간 낭비와 실수를 방지하기 위해 아는 것도 물어보십시오. 도움이 필요할 때는 어두에 반드시 '请问(칭우언)'을 붙이고 도움을 청하도록 하십시오.

여쭙겠는데, 화장실이 어디있습니까?

请 问, 卫 生 间 在 哪儿?
Qǐng wèn, wèi shēng jiān zài nǎr?
칭 우언 우에이 성 지엔 즈아이 나얼

죄송합니다, 잘 못알아 들었습니다.

对 不 起! 我 听 不 明 白。
Duì bù qǐ! Wǒ tīng bù míng bai.
뚜에이뿌 치 워 팅 뿌 밍 바이

다시 한번 말씀해 주세요.

请 再 说 一 遍。
Qǐng zài shuō yí biàn.
칭 즈아이 슈워 이 비엔

좀 도와주십시오.

请 帮 一 下 忙。
Qǐng bāng yí xià máng.
칭 빵 이 샤 망

公车站	꿍 츠어 즈안	버스정류장
火车站	후워 츠어 즈안	기차역
地铁站	띠 티예 즈안	지하철역
银行	인 항	은행

이 차는 북경에 갑니까?

这 车 去 北 京 吗?
Zhè chē qù Běi jīng ma?
즈어 츠어 취 베이 찡 마

한약방은 어디에 있습니까?

药 铺 在 哪儿?
Yào pù zài nǎr?
야오 푸 즈아이 나얼

공중전화는 어디에 있습니까?

公 用 电 话 在 哪儿?
Gōng yòng diàn huà zài nǎr?
꿍 융 디엔 화 즈아이 나얼

왕푸징을 가려면 어디에서 차를 탑니까?

去 王 府 井 在 哪儿 坐 车?
Qù Wáng fǔ jǐng zài nǎr zuò che?
취 왕 푸 징 즈아이 나얼 쯔워 츠어

도움을 청할 때

부탁의 말

미소짓는 모습으로 정중하게 또박또박 발음을 하면서 상대방에게 부탁합니다. 포켓노트를 항상 준비해서 갖고 다니십시오. 못알아들을 땐 써 달라고 부탁하십시오.

좀 보여 주세요.

请 给 看 一 下。
Qǐng gěi kàn yí xià.
칭 게이 칸 이 샤

기다려 주세요.

请 等 一 下。
Qǐng děng yí xià.
칭 떵 이 샤

포장해 주세요.

给 我 包 起 来。
Gěi wǒ bāo qi lái.
게이 워 빠오 치 라이

하나 바꿔 주세요.

给 我 换 一 个。
Gěi wǒ huàn yí ge.
게이 워 환 이 꺼

拜托一下。	빠이 투워 이 샤	부탁 좀 하겠습니다.
麻烦您一下。	마 판 닌 이 샤	폐 좀 끼치겠습니다.
请让路。	칭 랑 루	길 좀 비켜 주십시오.
请借一下。	칭 지예 이 샤	좀 빌리겠습니다.

1401번 좀 부탁합니다.

请 转 １４０１号。

Qǐng zhuǎn yāo sì líng yāo hào.
칭 쥬안 야오 쓰 링 야오 하오

이선생님 계십니까?

请 问 李 先 生 在 吗?

Qǐng wèn　Lǐ　xiān shēng zài　ma?
칭 우언 리 시엔 셩 즈아이 마

좀 찾아 주시겠습니까?

请 找 一 下 好 吗?

Qǐng zhǎo　yí　xià　hǎo　ma?
칭 즈아오 이 샤 하오 마

좀 써 주시겠습니까?

请 给 我 写 一 下 好 吗?

Qǐng gěi　wǒ　xiě　yí　xià　hǎo　ma?
칭 게이 워 시예 이 샤 하오 마

부탁의 말

축하의 말

중국도 한국과 마찬가지로 덕담을 좋아합니다. 덕담되는 말을 많이 할수록 행운이 옵니다.

오늘 행운이 있기를 바랍니다.

祝 您 今 天 好 运。
Zhù nín jīn tiān hǎo yùn.
쥬 닌 찐 티엔 하오 윈

축하합니다.

恭 喜 您!
Gōng xǐ nín!
꿍 시 닌

시험에 합격하신 것을 축하합니다.

祝 您 考 上 了。
Zhù nín kǎo shàng le.
쥬 닌 카오 스앙 러.

승진을 축하합니다.

祝 您 升 职。
Zhù nín shēng zhí.
쥬 닌 성 즈

生日	셩르	생일
新年	씬 니엔	신년
圣诞	셩 딴	성탄
周末	저우 모	주말

즐겁게 보내십시오.

祝　您　快　乐！
Zhù　nín　kuài　lè!
쥬　닌　콰이　러

건강하십시오!

请　保　重！
Qǐng bǎo zhòng!
칭　바오　쭝

하루 속히 건강을 회복하기를 축원합니다!

祝　您　早　日　康　复！
Zhù　nín　zǎo　rì　kāng　fù!
쥬　닌　즈아오　르　캉　푸

협조가 잘 이루어지길 축원합니다!

祝　合　作　成　功！
Zhù　hé　zuò　chéng　gōng!
쥬　흐어　즈워　츠엉　꽁

축하의 말

자기 소개

악수할 때는 상대방의 눈을 보면서 손을 가볍게 쥡니다.
남자는 여자가 손을 내밀어야 악수하는 것이 예의입니다.

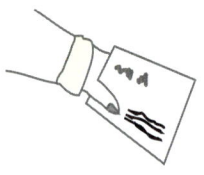

제가 외람되게 제 자신을 소개하겠습니다.

我 冒 昧 自 我 介 绍。
Wǒ mào mèi zì wǒ jiè shao.
워 마오 메이 즈 워 지예 스아오

제 성은 박입니다.

我 姓 朴。
Wǒ xìng Piáo.
워 씽 피야오

이것은 제 명함입니다.

这 是 我 的 名 片。
Zhè shì wǒ de míng piàn.
즈어 스 워 더 밍 피엔

저는 한국 사람입니다.

我 是 韩 国 人。
Wǒ shì Hán guó rén.
워 스 한 꾸워 런

旅游	뤼 여우	여행
留学生	리유 쉬예 성	유학생
访问	팡 우언	방문(하다)
贸易商	마오 이 스앙	무역상

저는 북경호텔에 묵고 있습니다.

我　住　在　北　京　大　饭　店。
Wǒ　zhù　zài　Běi　jīng　dà　fàn　diàn.
워　쥬　즈아이　베이　찡　따　판　디엔

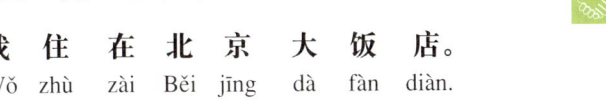

517호입니다.

5　1　7　号　房　间。
Wǔ　yāo　qī　hào　fáng　jiān.
우　야오　치　하오　팡　지엔

이것은 제 전화번호입니다.

这　是　我　的　电　话　号　码。
Zhè　shì　wǒ　de　diàn　huà　hào　mǎ.
즈어　스　워　더　디엔　화　하오　마

친구가 되주시겠습니까?

我　们　做　朋　友　好　吗?
Wǒ　men　zuò　péng　you　hǎo　ma?
워　먼　즈워　펑　여우　하오　마

자기 소개

도착할 때까지

주의사항 36
비행기 안에서 39
탑승전 혹은 공항 대기 43
입국심사 45
짐을 찾다 48
짐이 없어 졌을 경우 49
통관(세관신고) 50
주의사항(환전) 52
환전 54

주의사항

▶ **비행기 안에서**

　대한항공을 탈 경우 기내에서 한국어로 대화할 수 있지만 중국 민항이나 중국 국내에서 비행기를 탈 경우 한국어만으로는 불편을 느낄 수 있습니다. 이런 경우 간단한 기내 용어를 알아두면 편리합니다.

▶ **항상 메모지와 펜을 준비합시다**

　외국어는 원래 청취가 어렵습니다. 특히 숫자와 관계되는 가격이나 번호, 갯수는 필담을 부탁하십시오. 물론 중문과 한문은 약간의 차이는 있지만 언어 환경에 의해 상대방 뜻을 파악하는 데 그리 어렵지 않습니다.

▶ **입국기록카드는 기내에서 미리 작성해 둡시다**

　기내에서 스튜디어스에게 입국기록카드를 받아서 한문이나 영어로 작성해두면 입국시 번거로움을 덜어줍니다.

▶ **입국**

　비행기에서 내려 먼저 입국 심사를 받습니다. 입국기록카드와 여권, 왕복 비행기표를 가지고 입국관리 창구(외국인) 앞에 줄을 섭니다. 이때 이례적으로 묻는 말은 체재기간, 체재장소, 여행목적, 입국횟수 등 입니다. 미리 말을 암기해두면 불필요한 의심을 피하게 됩니다.

```
┌─────────────────────────────────────────────────┐
│ 入国记录卡(입국기록카드)          │                │
│                                   │                │
│ 볼펜으로 바른 글씨로 기입하십시오. │                │
├───────────┬───────────────────────┼──┬────────────┤
│ 성( 姓 )  │                       │□ │     남     │
├───────────┼───────────────────────┼──┼────────────┤
│ 명( 名 )  │                       │□ │     여     │
├───────────┼───────────┬───────────┴──┴────────────┤
│ 국적      │           │ 출생 년월일  │            │
├───────────┼───────────┼──────────────┼────────────┤
│ 여권번호  │           │ 직업         │            │
├───────────┼───────────┼──────────────┼────────────┤
│ 중국 비자번호│        │ 비자발행 장소│            │
├───────────────────────────────────────────────────┤
│ 동행인(여권 속에 함께 기재된 자녀의 이름)         │
├───────────────────────────────────────────────────┤
│ 중국방문 목적                                     │
│    □공무      □상용      □여행         (기타)    │
├───────────────────────────────────────────────────┤
│ 중국내의 주소 및 초청단체                         │
│                                                   │
├───────────────────────────────────────────────────┤
│ 입국    (     )년 (     )월 (     )일             │
├───────────────────────────────────────────────────┤
│ 출국                                              │
├───────────────────────────────────────────────────┤
│ 서명                                              │
├───────────────────────────────────────────────────┤
│ 이 난은 검열당국이 기재합니다.                    │
│                                                   │
│              外公免过出入出多                     │
└───────────────────────────────────────────────────┘
```

▶ **여행화물을 찾습니다**

    비행기에서 내려 먼저 화물을 찾아야 합니다. 비행기를 타기 전에 자기 여행 화물에 표시를 해두면 찾을 때 식별하기 쉽습니다. 화물 수취소는 거의 지하입니다. 모를 경우 '칭 우언 즈아이 날 취 씽리'하고 안내원에게 물어 보십시오.

주의사항

▶ 세관검사

기내에서 입국기록카드를 작성할 때 휴대품 신고서도 함께 작성합니다. 신고대상은 카메라, 시계, 녹음기 및 귀금속 등 입니다. 갯수를 정확히 적어 넣어 화물을 취한 뒤 여권, 신고서와 함께 세관원에게 제출합니다. 사후 내주는 복사본은 잘 보관해 뒀다가 출국시 보여 드려야 합니다.

▶ 환전

세관을 빠져 나오면 혹시 관세나 택시요금 등을 지불하기 위해 환전을 해둡시다. 환전소는 대개 세관을 나온 후 옆에 붙어 있습니다. 환전 서류에 미국 달러의 금액만 적어내면 됩니다. 만일을 위해 환전서류를 항시 보관해 둡시다.

비행기 안에서

민항기에 탑승했을 경우 도움을 청하고자 할 때 중국어로 부탁하는 것이 훨씬 편리하며 즐거운 여행의 시작입니다.

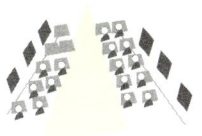

무엇을 마시겠습니까?

您 喝 什 么?
Nín hē shén me?
닌 흐어 션 머?

오렌지 쥬스를 원합니다.

我 要 桔 子 水。
Wǒ yào jǔ zi shuǐ.
워 야오 쥐 즈 슈에이

커피를 원하십니까?

要 不 要 咖 啡?
Yào bú yào kā fēi?
야오 부 야오 카 페이

커피 한 잔 주십시오.

给 一 杯 咖 啡。
Gěi yì bēi kā fēi.
게이 이 베이 카 페이

비행기 안에서

猪肉	쥬 러우	돼지고기
可口可乐	커 커우 커 러	코카콜라
矿泉水	쾅 취엔 슈에이	생수
葡萄酒	푸 타오 지여우	포도주

닭고기입니까, 쇠고기입니까?

鸡 肉 还 是 牛 肉?
Jī ròu hái shì niú ròu?
찌 러우 하이 스 니여우 러우

저는 쇠고기로 하겠습니다.

我 要 牛 肉。
Wǒ yào niú ròu.
워 야오 니여우 러우

술 하시겠습니까?

要 不 要 酒?
Yào bú yào jiǔ?
야오 부 야오 지여우

한 잔 더 주십시오.

请 再 给 一 杯。
Qǐng zài gěi yì bēi.
칭 즈아이 게이 이 베이

服务员	푸 우 위안	스튜디어스
劳驾	라오 지야	실례합니다
啤酒	피 지여우	맥주
安全带	안 취엔 따이	안전벨트

제가 비행기 멀미가 좀 나는데요.

我 有 点 晕 机。
Wǒ yǒu diǎn yùn jī.
워 여우 디엔 위인 지

멀미약 좀 주세요.

请 给 我 一 点 晕 机 药。
Qǐng gěi wǒ yì diǎn yùn jī yào.
칭 게이 워 이 디엔 위인 지 야오

그러죠, 즉시 갖고 오겠습니다.

好 的, 马 上 送 来。
Hǎo de, mǎ shàng sòng lái.
하오 더, 마 스앙 쏭 라이

좀 좋아지셨습니까?

好 些 了 吗?
Hǎo xiē le ma?
하오 시예 러 마?

비행기 안에서

枕头	젼 터우	베개
美元	메이 위안	달러
卫生间	우에이 셩 지엔	화장실
消化剂	시야오 화 찌	소화제

감사합니다. 많이 좋아졌습니다.

谢 谢！ 好 多 了。
Xiè xie! Hǎo duō le.
시예 시예　하오　뚜워　러

담요 한 장 주십시오.

请 给 一 张 毛 毯。
Qǐng gěi yì zhāng máo tǎn.
칭　게이　이　즈앙　마오　탄

어디가 불편하십니까?

哪 里 不 舒 服？
Nǎ li bù shū fú?
나　리　뿌　슈　푸

몇시에 도착합니까?

几 点 钟 到？
Jǐ diǎn zhōng dào?
지　디엔　쭝　따오

탑승 전(혹은 대기)

비행기 탑승하기 한 시간 전 반드시 안내원에게 탑승구(게이트)를 확인하셔야 합니다.

한국으로 가는 탑승구가 몇 번입니까?

去 韩 国 的 乘 机 口 是 几 号?
Qù Hán guó de chéng jī kǒu shì jǐ hào?
취 한 꾸워 더 츠엉 지 커우 스 지 하오

면세점은 어디입니까?

免 税 店 在 哪儿?
Miǎn shuì diàn zài nǎr?
미엔 슈에이 디엔 즈아이 나얼

똑바로 가시다가 우회전하면 바로입니다.

一 直 走 右 转 就 是。
Yì zhí zǒu yòu zhuǎn jiù shì.
이 즈 저우 여우 쥬안 지여우 스

여권 좀 보여주십시오.

请 给 看 一 下 护 照。
Qǐng gěi kàn yí xià hù zhào.
칭 게이 칸 이 샤 후 즈아오

탑승 전

起飞	치 페이	이륙
落地	루워 띠	착지
香烟	시양 이엔	담배
威士忌	우에이 스 지	위스키

전 마오타이주를 두 병 사려고 합니다.

我 要 买 两 瓶 茅 台 酒。
Wǒ yào mǎi liǎng píng Máo tái jiǔ.
워 야오 마이 리양 핑 마오 타이 지여우

얼마나 기다려야 합니까?

要 等 多 久?
Yào děng duō jiǔ?
야오 떵 뚜워 지여우

한 시간 정도요.

一 个 钟 头。
Yí ge zhōng tóu.
이 꺼 쭝 터우

한국으로 가는 탑승구입니까?

是 去 韩 国 的 乘 机 口 吗?
Shì qù Hán guó de chéng jī kǒu ma?
스 취 한 꾸워 더 츠엉 지 커우 마

입국심사

준비해둔 여권, 왕복 비행기표, 입국기록
카드를 외국인 창구에 제출합니다.

당신은 중국에 처음 오신 겁니까?

您 第 一 次 来 中 国 吗?
Nín dì yí cì lái Zhōng guó ma?
닌 띠 이 츠 라이 쭝 꾸워 마

그렇습니다.

是 的。
Shì de.
스 더

중국에 온 목적이 무엇입니까?

来 中 国 的 目 的 是 什 么?
Lái Zhōng guó de mù dì shì shén me?
라이 쭝 꾸워 더 무 띠 스 션 머

여행입니다.

是 旅 游。
Shì lǚ yóu.
스 뤼 여우

입국심사

第二次	띠 얼 츠	두 번째
留学生	리여우 쉬예 성	유학생
商务	스앙 우	상무(상업상의 용무)
研修生	이엔 시여우 성	연수생

중국에 며칠 계실 겁니까?

在 中 国 住 几 天?
Zài Zhōng guó zhù jǐ tiān?
쯔아이 쭝 꾸워 쥬 지 티엔

10일 정도입니다.

十 天 左 右。
Shí tiān zuǒ yòu.
스 티엔 쯔워 여우

어디에 머무실 겁니까?

住 哪 里?
Zhù nǎ li?
쥬 나 리

북경호텔입니다.

北 京 饭 店。
Běi jīng fàn diàn.
베이 찡 판 디엔

一个星期	이 꺼 씽 치	일주일
参加	츠안 지야	참여하다
学术会	쉬예 슈 후에이	학술회
访问	팡 우언	방문

부모님을 보러 왔습니다.

来　见　父　母　亲。
Lái　jiàn　fù　mǔ　qīn.
라이　지엔　푸　무　친

입국 후의 주소를 적어 주십시오.

请　写　上　入　境　后　的　住　址。
Qǐng　xiě　shàng　rù　jìng　hòu　de　zhù　zhǐ.
칭　시예　스앙　루　찡　허우　더　쥬　즈

당신의 직업은 무엇입니까?

请　问　您　职　业　是　什　么?
Qǐng　wèn　nín　zhí　yè　shì　shén　me?
칭　우언　닌　즈　이예　스　션　머

출국 날짜를 지켜주십시오.

请　遵　守　出　境　日　期。
Qǐng zūn shǒu chū jìng rì qī.
칭　즈우언　셔우　츄　찡　르　치

입국심사

짐을 찾다

먼저 짐을 찾고 통관대로 가서 검사를 받습니다. 출발 전에 짐이 잘 보이게 큰 표시를 해 둡시다.

어디에서 짐을 찾습니까?

请 问 在 哪儿 取 行 李?
Qǐng wèn zài   nǎr   qǔ xíng lǐ?
칭   우언 즈아이 나얼 취   씽   리

똑바로 가시다가 지하도를 내려가면 됩니다.

一 直 走, 下 了 地 道 就 是。
Yì zhí zǒu, xià le dì dào jiù shì.
이 즈 져우 샤 러 띠 따오 지여우 스

길 좀 안내해 주시겠습니까?

你 可 以 带 一 下 路 吗?
Nǐ kě yǐ dài yí xià lù ma?
니 커 이 따이 이 샤 루 마

저를 따라 오십시오.

请 跟 我 来。
Qǐng gēn wǒ lái.
칭   껀   워 라이

짐이 없어졌을 경우

끝까지 기다렸다가 짐이 안 보이면 안내원이나 소속 항공 카운터로 갑니다.

중국 민항 카운터가 어디 있습니까?

请 问 中 国 民 航 柜 台 在 哪儿?
Qǐngwèn Zhōngguó mín háng guì tái zài nǎr?
칭 우언 쭝 꾸워 민 항 꾸에이타이 즈아이 나얼

저쪽으로 가시다가 좌회전 하시면 있습니다.

那 边 走 左 转 就 是。
Nà biān zǒu zuǒ zhuǎn jiù shì.
나 비엔 져우 즈워 쥬안 지여우 스

제 짐을 찾지 못했습니다.

我 的 行 李 没 拿 到。
Wǒ de xíng lǐ méi ná dào.
워 더 씽 리 메이 나 따오

당신은 무슨 편 비행기를 타셨습니까?

你 坐 的 是 哪 班 飞 机?
Nǐ zuò de shì nǎ bān fēi jī?
니 즈워 더 스 나 빤 페이 지

짐이 없어졌을 경우

통관 (세관신고)

카메라, 손목시계, 녹음기, 전자계산기, 타자기, 무비카메라 등은 입국할 때 신고했다가 출국할 때 가지고 나와야 합니다.

신고해야 할 물건을 갖고 있습니까?

有 要 申 报 的 东 西 吗?
Yǒu yào shēn bào de dōng xi ma?
여우 야오 션 빠오 더 똥 씨 마

이것이 신고서입니다.

这 是 申 报 单。
Zhè shì shēn bào dān.
즈어 스 션 빠오 딴

짐을 열어 보십시오.

请 打 开 行 李。
Qǐng dǎ kāi xíng lǐ.
칭 따 카이 씽 리

보십시오.

请 看。
Qǐng kàn.
칭 칸

照相机	즈아오 시양 지	카메라
手表	셔우 비아오	손목시계
录音机	루 인 지	녹음기
录相机	루 시양 지	비디오(카메라)

이것은 무엇입니까?

这 是 什 么 东 西?
Zhè shì shén me dōng xi?
즈어 스 션 머 똥 시

제가 사용하는 일용품입니다.

自 己 用 的 日 用 品。
Zì jǐ yòng de rì yòng pǐn.
즈 지 융 더 르 융 핀

이 상자 안에 무엇이 있습니까?

这 箱 子 里 有 什 么?
Zhè xiāng zi li yǒu shén me?
즈어 시양 즈 리 여우 션 머

선물입니다.

是 礼 品。
Shì lǐ pǐn.
스 리 핀

통관

주의사항(환전)

▶ 환전할 때 반드시 외환태환 증명서에 서명하도록 되어 있습니다. 환전소에서 내주는 사본을 잘 보관해뒀다가 출국할 때 요구하면 보여드려야 합니다.

▶ 공항내의 환전소는 세관 바로 앞에도 있고 세관 뒤쪽에도 있습니다. 공항내의 환율이 비싸다고 생각하는 경우가 있는데 중국은 공항이나 호텔에 있는 환전소는 모두 중국은행의 지점이기 때문에 환율은 똑같습니다.

▶ 현재 중국에서 사용하는 통화의 단위는 元으로 나누어져 있습니다. 1元은 10角, 1角는 10分입니다. 지폐는 100元, 50元, 10元, 5元, 2元, 1元, 5角, 2角, 1角, 5分, 2分, 1分짜리가 있고 동전은 5分, 2分, 1分짜리가 있습니다.

▶ 암환전은 삼가하셔야 합니다. 속임, 가짜돈, 환율, 강탈의 위험이 있기 때문입니다.

▶ 여행자 수표(약칭 T/C)도 매우 편리합니다. 사인을 하는 곳이 두 곳이 있는데 한 곳은 미리 사인을 해 둡니다. 사용할 때 다른 한 곳에 사인을 하면 유효한 수표가 됩니다. 환전율도 현금보다 좋은 때가 많습니다.

▶ T/C 구입시 사본에 적혀있기 때문에 사본을 T/C 와 다른 곳에 보관하도록 합니다. 재발행 받기 위해서는 미사용권

의 번호와 구입시의 사본이 필요합니다. 각 구입 은행 지점이나 현지 제휴사에서 재발행해 줍니다.

▶ 소액 화폐로 환전하는 것이 좋습니다.

▶ 인민폐(중국돈)10元이 한국돈 1,000원입니다. 중국돈 액수 뒤에 영을 두개 달면 됩니다.

환전

혼잡할수록 돈을 주고 받을 때 반드시 상대방에게 확인시켜야 합니다.

환전소는 어디 있습니까?

兑 换 处 在 哪 里?
Duì huàn chù zài nǎ li?
뚜에이환 츄 즈아이 나 리

나가서 바로 맞은편에 있습니다.

出 去 后 就 在 对 面。
Chū qù hòu jiù zài duì miàn.
츄 취 허우 지여우 즈아이 뚜에이 미엔

인민폐로 바꾸려고 합니다.

我 要 换 成 人 民 币。
Wǒ yào huàn chéng rén mín bì.
워 야오 환 츠엉 런 민 비

얼마를 바꿀려고 하는지 명세서에 적으십시오.

换 多 少 填 在 单 子 上。
Huàn duō shǎo tián zài dān zi shang.
환 뚜워 샤오 티엔 즈아이 딴 즈 스앙

换钱	환 치엔	환전
零钱	링 치엔	잔돈
银行	인 항	은행
兑换单	뚜에이 환 딴	환전표

저는 여행수표를 현금으로 바꾸려고 합니다.

我 要 把 旅 行 支 票 换 成 现 款。
Wǒ yào bǎ lǚ xíng zhī piào huàn chéng xiàn kuǎn.
워 야오 바 뤼 씽 즈 피야오 환 츠엉 시엔 콴

됩니다. 사인하십시오.

可 以, 请 签 字。
Kě yǐ, qǐng qiān zì.
커 이 칭 치엔 즈

잔돈으로 원하십니까?

要 破 开 吗?
Yào pò kāi ma?
야오 포 카이 마

네, 원, 각, 분 모두 원합니다.

是, 元, 角, 分 都 要。
Shì, yuán, jiǎo, fēn dōu yào.
스 위안 지야오 펀 떠우 야오

환전

공항에서 호텔까지

터미널 출구 앞에서 시내(서단), 중국민항
(CAAC) 매표소까지 리무진 버스가 있습니
다.

이 리무진이 씨딴으로 갑니까?

这 辆 轿 车 去 西 单 吗?
Zhè liàng jiào chē qù Xī dān ma?
즈어 량 지야오 츠어 취 씨 딴 마

네. 차에 올라가십시오.

是 啊! 请 上 车。
Shì a! Qǐng shàng chē.
스 아 칭 스앙 츠어

차표는 얼마입니까?

车 票 多 少 钱?
Chē piào duō shǎo qián?
츠어 피야오 뚜워 샤오 치엔

---

10 원입니다.

十 元。
Shí yuán.
스 위안

下车	샤 츠어	하차(하다)
几站	지 즈안	몇 정거장
下一站	샤 이 즈안	다음 역(정거장)
租车	즈우 츠어	택시

얼마나 가야 합니까?

要 走 多 久?
Yào zǒu duō jiǔ?
야오 저우 뚜워 지여우

대략 60 분입니다.

大 概 六 十 分 钟。
Dà gài liù shí fēn zhōng.
따 까이 리유 스 펀 쭝

택시 승강장은 어디 있습니까?

请 问 出 租 汽 车 站 在 哪儿?
Qǐng wèn chū zū qì chē zhàn zài nǎr?
칭 우언 츄 즈우 치 츠어 즈안 즈아이 나얼

똑바로 걸어가시면 보입니다.

一 直 走 就 看 见 了。
Yì zhí zǒu jiù kàn jiàn le.
이 즈 져우 지여우 칸 지엔 러

공항에서 호텔까지

到了	따오 러	도착했습니다
几点开	지 디엔 카이	몇 시에 출발합니까?
堵车	뚜 츠어	차가 막히다
不必找了	부 삐 즈아오 러	거스름 돈은 안 주셔도 됩니다

북경호텔로 갈 수 있습니까?

可 以 去 北 京 饭 店 吗?
Kě yǐ qù Běi jīng fàn diàn ma?
커 이 취 베이 징 판 디엔 마

네, 승차하십시오.

可 以, 请 上 车。
Kě yǐ, qǐng shàng chē.
커 이 칭 스앙 츠어

미터로 계산합니까?

跑 表 吗?
Pǎo biǎo ma?
파오 비야오 마

네, 그렇습니다.

是 的。
Shì de.
스 더

호텔에서

주의사항 60
체크인 62
룸서비스 (I , II) 69
팁은 필요한가? 73
호텔에서 발생할 문제들 75
체크아웃 78

# 주의사항

중국에서 숙소를 찾는 것은 어느 나라보다 쉽습니다.

▶ **호텔의 종류**

숙박시설을 旅社, 招待所, 旅馆, 饭店, 大厦, 宾馆 등으로 부릅니다.

다만 외국인이 旅社등의 중국인 숙소에 묵을 수 없다는 것을 원칙으로 하고 있습니다. 방문한 곳이 시골이여서 외국인이 묵을 수 있는 숙소가 없다든가, 호텔이 만원이 되어 묵을 수 없는 경우 旅社나 招待所에 묵을 수도 있습니다.

▶ **호텔 예약**

호텔 예약은 사실상 필요없습니다. 그러나 불안을 느낄 경우 어느 도시에나 있는 중국 국제여행사에 가서 예약을 하면 됩니다.

밤 늦게 도착했을 경우 택시 운전사에게 '宾馆(삔꾸안)'이라고 말하면 바로 호텔까지 데려다 줍니다.

▶ **호텔 요금**

큰 도시 유명 관광지일 경우 경제특구에는 외국 자본의 호텔 등이 건설되어 가격이 비싸지만 그밖의 다른 도시에서는 일류 호텔에 묵는다면 싱글 US $100, 트윈이 US $150 정도이며 지방의 소도시에 있는 일류 호텔에 묵을 경우 인민폐로 1실에 200~400원 정도입니다.

이밖에 도미토리나 '不包房'이 있는데 싼 가격으로 투숙

할 수 있으나 외화획득 정책 때문에 도미토리는 어렵고 대부분 '만원'이라고 말합니다. '不包房'은 안전에 문제가 있습니다.

▶ 체크인, 체크아웃

호텔의 체크인 시간은 정해져 있지 않습니다. 체크아웃도 마찬가지입니다. 대개 '정오까지 체크아웃'하라고 말하지만 정오가 지나 방에 있어도 '나가'라고 하지 않습니다. 정오까지 요금만 지불하고 프론트에 '몇 시까지 있겠다'고 이유를 말하고 양해를 얻으면 됩니다.

▶ 싼 방을 구하려면

중국에서 싼 방에 묵으려면 절대로 화를 내지 말고 참을성있게 기다려야 한다는 것을 잊어서는 안 됩니다.

▶ 각 층마다 종업원 배치

각 층마다 '服务台(푸우타이)'가 있어 종업원이 항상 대기하고 있습니다. 이들은 관리에서부터 방 내부시설과 방 열쇠, 손님의 편의를 도와주고 있습니다. 안정성은 거의 100%입니다.

▶ 호텔 시설

중국은행, 중국국제여행사(CITS), 레스토랑, 댄스홀, 디스코텍, 바, 매점과 그외의 시설, 우편, 전보, 전화, 휴대품보관소, 다방 등 모두 갖춰져 있습니다.

- 旅社, 招待所, 旅馆 : 중국인 숙소
- 招待所, 旅馆, 饭店 : 중국인과 화교 숙소
- 饭店, 大厦, 宾馆 : 누구나 묵을 수 있는 숙소

체크인

좀 싼 방을 원하신다면 화를 내지 말고 참을
성있게 기다려야 합니다.

안녕하십니까? 이것이 제 예약 확인서입니다.

您 好! 这 是 我 预 约 的 确 认 单。
Nín hǎo! Zhè shì wǒ yù yuē de què rèn dān.
닌 하오   즈어 스 워 위 위예 더 취예 런 딴

잠깐만 기다리십시오. 당신 성함은요?

请 等 一 下。 您 贵 姓?
Qǐngděng yí xià. Nín guì xìng?
칭 떵 이 샤 닌 꾸에이 씽

여권 좀 보여 주십시오.

护 照 给 看 一 下。
Hù zhào gěi kàn yí xià.
후 즈아오 게이 칸 이 샤

맞습니다. 당신은 19일에 예약하셨습니다.

对! 您 是 十 九 号 预 约 的。
Duì! Nín shì shí jiǔ hào yù yuē de.
뚜에이 닌 스 스 지여우 하오 위 위예 더

登记簿	떵 찌 뿌	숙박등록부
签名	치엔 밍	사인, 서명
电梯	띠엔 티	엘레베이터
太平门	타이 핑 먼	비상구

방 하나를 원합니다.

我 想 要 一 个 房 间。
Wǒ xiǎng yào yí ge fáng jiān.
워 시양 야오 이 꺼 팡 지엔

빈 방 있습니까?

有 空 房 间 吗?
Yǒu kòng fáng jiān ma?
여우 콩 팡 지엔 마

어떤 방을 원하십니까?

您 要 哪 种 房 间?
Nín yào nǎ zhǒng fáng jiān?
닌 야오 나 쭝 팡 지엔

조금 싼 방을 원합니다.

我 要 便 宜 一 点儿 的。
Wǒ yào pián yi yì diǎnr de.
워 야오 피엔 이 이 디얼 더

체크인

饭店	판 띠엔	호텔
宾馆	삔 꾸안	호텔
贵重品	꾸에이 쭝 핀	귀중품
号码	하오 마	번호

지금은 특실 밖에 없습니다.

现 在 只 有 头 等 房 间。

Xiàn zài zhǐ yǒu tóu děng fáng jiān.

시엔 즈아이 즈 여우 터우 떵 팡 지엔

특실은 하루에 얼마입니까?

头 等 房 一 天 多 少 钱?

Tóu děng fáng yì tiān duō shǎo qián?

터우 떵 팡 이 티엔 뚜워 스아오 치엔

300원입니다.(인민폐)

三 百 元。

Sān bǎi yuán.

쓰안 바이 위안

조금 비쌉니다. 다른 방법은 없겠습니까?

贵 一 点儿。 可 以 想 一 下 办 法 吗?

Guì yì diǎnr. Kě yǐ xiǎng yí xià bàn fǎ ma?

꾸에이 이 디얼 커 이 시양 이 샤 빤 파 마

卫生设备	우에이 성 서어 베이	위생시설
卫生间	우에이 성 지엔	화장실
热水	러 슈에이	뜨거운 물
冷水	렁 슈에이	찬 물

며칠 머무실 겁니까?

您 要 住 几 天?
Nín yào zhù jǐ tiān?
닌 야오 쥬 지 티엔

사흘 정도입니다.

三 天 左 右。
Sān tiān zuǒ yòu.
쓰안 티엔 즈워 여우

그럼, 잠깐 기다리시겠습니까?

那 么, 请 稍 等 好 吗?
Nà me, qǐng shāo děng hǎo ma?
나 머 칭 샤오 떵 하오 마

좋습니다, 괜찮아요. 기다릴 수 있습니다.

好 的, 没 关 系。 我 可 以 等。
Hǎo de, méi guān xi. Wǒ kě yǐ děng.
하오 더 메이 꾸안 씨 워 커 이 떵

체크인

普通房	pǔ tōng fáng	일반실
几楼	jǐ lóu	몇 층
五楼	wǔ lóu	5층
几号房	jǐ hào fáng	몇 호실

선생님! 일반실이 하나 있는데

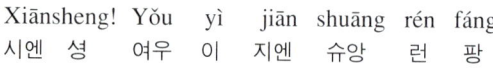

先 生！有 一 间 双 人 房，
Xiānsheng! Yǒu yì jiān shuāng rén fáng,
시엔 성 여우 이 지엔 슈앙 런 팡

하시겠습니까?

您 要 吗？
nín yào ma?
닌 야오 마

하루 밤 묵는 데 얼마입니까?

一 晚 多 少 钱？
Yì wǎn duō shǎo qián?
이 완 뚜워 스아오 치엔

150 원입니다.

一 百 五 十 元。
Yì bǎi wǔ shí yuán.
이 바이 우 스 위안

上楼	스앙 러우	위층으로 올라가다
下楼	샤 러우	아래층으로 내려오다
楼上	러우 스앙	위층
楼下	러우 샤	아래층

좋습니다, 저는 이 방으로 하겠습니다.

好 , 我 要 这 间。
Hǎo, wǒ yào zhè jiān.
하오 워 야오 즈어 지엔

이 명세서를 기입하십시오.

请 填 好 这 张 表。
Qǐng tián hǎo zhè zhāng biǎo.
칭 티엔 하오 즈어 즈앙 비야오

다 기입했습니다. 보십시오.

填 好 了。 请 看。
Tián hǎo le. Qǐng kàn.
티엔 하오 러 칭 칸

이 안내원을 따라서 방으로 가십시오.

请 跟 这 位 服 务 生 去 房 间。
Qǐng gēn zhè wèi fú wù shēng qù fáng jiān.
칭 껀 즈어 우에이 푸 우 성 취 팡 지엔

체크인

房租	팡 즈우	방 값
浴室	위 스	욕실
包括	빠오 쿠워	포함
伙食费	후워 스 페이	식사비

하루 더 묵을려고 하는데 됩니까?

我 要 再 住 一 天, 可 以 吗?
Wǒ yào zài zhù yì tiān, kě yǐ ma?
워 야오 즈아이 쥬 이 티엔 커 이 마

당연히 됩니다.

当 然 可 以。
Dāng rán kě yǐ.
땅 란 커 이

언제 돈을 지불하지요?

什 么 时 候 交 费?
Shén me shí hòu jiāo fèi?
션 머 스 허우 지야오 페이

지금이나 체크아웃하실 때나 다 됩니다.

现 在 或 是 退 房 时 都 可 以。
Xiàn zài huò shì tuì fáng shí dōu kě yǐ.
시엔 즈아이 후워 스 투에이 팡 스 떠우 커 이

룸 서비스 (Ⅰ, Ⅱ)

불편을 덜기 위해 룸 서비스원에게 친절을 베푸십시오.

(Ⅰ)

2층 룸 안내소 좀 부탁드립니다.

请 转 二 楼 服 务 台。
Qǐngzhuǎn èr lóu fú wù tái.
칭 쥬안 얼 러우 푸 우 타이

여보세요! 여기는 2013 호실입니다.

喂! 这 里 是 2 0 1 3 房 间。
Wéi! Zhè li shì èr líng yāo sān fáng jiān.
우에이 즈어 리 스 얼 링 야오 쓰안 팡 지엔

내일 아침 식사를 8시에 제 방에서 먹을려고 하는데

明 天 早 饭 八 点 在 我 房 间 吃,
Míngtiān zǎo fàn bā diǎn zài wǒ fáng jiān chī,
밍 티엔즈아오 판 빠 디엔즈아이 워 팡 지엔 츠

되겠습니까?

可 以 吗?
kě yǐ ma?
커 이 마

什么事	선 머 스	무슨 일
室内温度	스 네이 우언 뚜	실내온도
拖鞋	투워 시예	슬리퍼
床单	추앙 딴	침대시트

좋습니다. 내일 정각에 아침 밥을

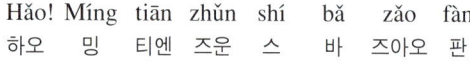

好! 明 天 准 时 把 早 饭
Hǎo! Míng tiān zhǔn shí bǎ zǎo fàn
하오 밍 티엔 즈운 스 바 즈아오 판

당신 방으로 가져다 드리겠습니다. 또 필요하신 게 있습니까?

送 到 您 房 间 去。 还 有 吩 咐 吗?
sòng dào nín fáng jiān qù. Hái yǒu fēn fù ma?
쏭 따오 닌 팡 지엔 취 하이 여우 펀 푸 마

또 있습니다. 내일 아침 7시에

还 有, 请 明 天 早 上 七 点 钟
Hái yǒu, qǐng míng tiān zǎo shàng qì diǎn zhōng
하이 여우 칭 밍 티엔 즈아오 스앙 치 디엔 쭝

저를 깨워주십시오. 부탁드리겠습니다.

叫 醒 我, 拜 托 了。
jiào xǐng wǒ, bài tuō le.
지야오 싱 워 빠이 투워 러

热水瓶	러 슈에이 핑	보온병
换一个	환 이 꺼	하나 바꾸다
毛巾	마오 찐	타월
肥皂	페이 즈아오	비누

(Ⅱ)

제 방으로 좀 와 주시겠습니까?

请 来 一 下 我 房 间 好 吗?
Qǐng lái yí xià wǒ fáng jiān hǎo ma?
칭 라이 이 샤 워 팡 지엔 하오 마

이 옷을 세탁하려고 하는데

我 要 洗 这 件 衣 服
Wǒ yào xǐ zhè jiàn yī fú
워 야오 시 즈어 지엔 이 푸

언제 다 세탁됩니까?

什 么 时 候 可 以 洗 好?
shén me shí hòu kě yǐ xǐ hǎo?
선 머 스 허우 커 이 시 하오

내일 아침 9시입니다.

明 天 早 上 九 点 钟。
Míngtiān zǎo shàng jiǔ diǎn zhōng.
밍 티엔 즈아오 스앙 지여우 디엔 쭝

룸 서비스 (Ⅰ,Ⅱ)

保险箱	바오 시엔 시양	소형 금고
柜台	꾸에이 타이	카운터
烫一下	탕 이 샤	다리다
钥匙	야오 스	열쇠

오늘 저녁 6시에 됩니까?

今 晚 六 点 行 不 行?
Jīn wǎn liù diǎn xíng bù xíng?
찐 완 리유 디엔 씽 뿌 씽

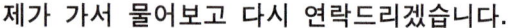

제가 가서 물어보고 다시 연락드리겠습니다.

我 去 问 一 下, 再 通 知 你。
Wǒ qù wèn yí xià, zài tōng zhī nǐ.
워 취 우언 이 샤 즈아이 통 즈 니

이 편지 부치는 것을 좀 도와 주십시오.

还 有, 请 帮 我 寄 一 下 这 封 信。
Hái yǒu, qǐng bāng wǒ jì yí xià zhè fēng xìn.
하이 여우 칭 빵 워 찌 이 샤 즈어 펑 씬

이것은 우표값입니다. 부족하면 저에게 말씀해 주십시오.

这 是 邮 费, 不 够 请 跟 我 说。
Zhè shì yóu fèi, bú gòu qǐng gēn wǒ shuō.
즈어 스 여우 페이 부 꺼우 칭 껀 워 슈워

팁은 필요한가?

룸 서비스원이나 택시기사(장거리)에게 팁을 적당히 드리면 많은 편리를 제공해 줍니다.

번거롭게 해 드렸습니다.

麻 烦 你 了!
Má fan nǐ le!
마 판 니 러

이것은 당신께 드리는 팁입니다.

这 是 给 你 的 小 费。
Zhè shì gěi nǐ de xiǎo fèi.
즈어 스 게이 니 더 시야오 페이

이렇게 예를 차리지 마십시오.

不 要 这 么 客 气。
Bú yào zhè me kè qi.
부 야오 즈어 머 커 치

제가 예를 차리는 것이 아닙니다.

我 不 是 客 气。
Wǒ bú shì kè qi.
워 부 스 커 치

팁은 필요한가?

搬行李	빤 씽 리	짐을 운반하다
餐厅	츠안 팅	식당
开饭	카이 판	식사제공 시작
收条	셔우 티야오	영수증

당신의 도움에 제가 정말 감사를 드립니다.

我 真 的 感 谢 你 的 帮 忙。
Wǒ zhēn de gǎn xiè nǐ de bāng máng.
워 젼 더 깐 시예 니 더 빵 망

그렇다면, 받도록 하겠습니다.

那 么, 我 就 收 下 了。
Nà me, wǒ jiù shōu xià le.
나 머 워 지여우 셔우 샤 러

제가 필요할 때,

有 须 要 我 的 时 候,
Yǒu xū yào wǒ de shí hòu,
여우 쉬 야오 워 더 스 허우

언제든지 불러 주십시오.

请 随 时 叫 我。
qǐng suí shí jiào wǒ.
칭 수에이 스 지야오 워

호텔에서 발생할 문제들

층마다 서비스대에 서비스원이 대기하고 있습니다. 부탁하면 됩니다.

에어컨이 고장났습니다.

冷 气 坏 了。
Lěng qì huài le.
렁 치 후아이 러

온수 수도꼭지가 고장났습니다.

热 水 龙 头 坏 了。
Rè shuǐ lóng tóu huài le.
러 슈에이 롱 터우 후아이 러

자물쇠가 고장났습니다.

锁 坏 了。
Suǒ huài le.
스워 후아이 러

알았습니다. 곧 갑니다.

知 道 了。 马 上 就 来。
Zhī dào le. Mǎ shàng jiù lái.
즈 따오 러 마 스앙 지여우 라이

电视	띠엔 스	텔레비전 세트
报纸	빠오 즈	신문
梳子	슈 즈	빗
刮胡刀	꽈 후 따오	면도칼

화장실이 막혔습니다.

厕 所 堵 塞 了。
Cè suǒ dǔ sè le.
츠어 스워 뚜 써 러

방안의 전등이 안 들어옵니다.

屋 子 里 的 电 灯 不 亮。
Wū zi li de diàn dēng bú liàng.
우 즈 리 더 디엔 떵 부 리양

문이 잠겼습니다, 문 좀 열어 주십시오.

门 被 锁 上 了, 请 给 我 开 门。
Mén bèi suǒ shàng le, qǐng gěi wǒ kāi mén.
먼 베이 스워 스앙 러 칭 게이 워 카이 먼

수도물이 셉니다.

自 来 水 漏 水。
Zì lái shuǐ lòu shuǐ.
즈 라이 슈에이 러우 슈에이

保管	바오 꾸안	보관
香皂	시앙 즈아오	세수비누
暖气	누안 치	난방
插座	츠아 즈워	소켓

휴지가 떨어졌습니다.

卫　生　纸　用　完　了。
Wèi shēng zhǐ yòng wán le.
우에이　성　즈　융　완　러

의사 한 분 좀 불러주십시오.

请　给　我　叫　位　医　生　来。
Qǐng gěi wǒ jiào wèi yī shēng lái.
칭　게이　워　지야오　우에이　이　성　라이

방안이 조금 춥습니다.

屋　子　冷　一　点儿。
Wū zi lěng yì diǎnr.
우　즈　렁　이　디얼

더운 물 좀 가져다 주세요.

送　点儿　热　水　来。
Sòng diǎnr rè shuǐ lái.
쏭　디얼　러　슈에이　라이

호텔에서 발생할 문제들

체크아웃

체크아웃 시간은 원래 12시이지만 사정에 따라 양해를 얻을 수 있습니다. 그러나 반드시 전화로 미리 알려드려야 합니다.

오늘 체크아웃하려고 합니다.

今 天 我 要 退 房。
Jīn tiān wǒ yào tuì fáng.
찐 티엔 워 야오 투에이 팡

그런데 차 시간 때문에

不 过 , 因 为 车 时 间
Bú guò, yīn wèi chē shí jiān
부 꾸워 인 우에이 츠어 스 지엔

제가 방에서

我 可 以 在 房 间 里,
wǒ kě yǐ zài fáng jiān li,
워 커 이 즈아이 팡 지엔 리

14시까지 머물러도 되겠습니까?

待 到 十 四 点 钟 吗?
dài dào shí sì diǎn zhōng ma?
따이 따오 스 쓰 디엔 쭝 마

结帐	지예 즈앙	계산하다(결산)
电话费	디엔 화 페이	전화요금
旅行支票	뤼 싱 즈 피아오	여행자수표
付钱	푸 치엔	돈을 지불하다

계산서를 제 방으로 보내 주십시오.

请 把 帐 单 送 到 房 间 来。

Qǐng bǎ zhàng dān sòng dào fáng jiān lái.
칭 바 즈앙 딴 쏭 따오 팡 지엔 라이

택시 한 대 불러주십시오.

请 替 我 叫 一 辆 车。

Qǐng tì wǒ jiào yí liàng chē.
칭 티 워 지야오 이 리양 츠어

오후 2시 호텔입구에 대기해 주십시오.

下 午 两 点 停 在 饭 店 入 口。

Xià wǔ liǎng diǎn tíng zài fàn diàn rù kǒu.
샤 우 리양 디엔 팅 즈아이 판 디엔 루 커우

당신들의 보살핌에 대해서 감사를 드립니다.

谢 谢 你 们 的 照 顾。

Xiè xie nǐ men de zhào gù.
시예 시예 니 먼 더 즈아오 꾸

체크아웃

교통

- 주의사항 82
- 택시를 타다 84
- 길을 묻다 88
- 길을 잃었을 때 90
- 누군가 길을 물을 때 92
- 버스를 타다 93
- 지하철을 타다 100
- 주의사항 102
- 기차를 타다 104
- 주의사항 113
- 장거리 버스를 타다 114
- 관광버스를 타다 116
- 주의사항(비행기 타기) 119
- 국내 비행기를 타다 121
- 주의사항(자전거를 빌리다) 123
- 자전거를 타다 124

 **주의사항**

▶ 중국 큰 도시의 교통은 차(车) 종류가 많아서 보기에 매우 복잡한 것 같지만 교통 안내도를 사서 자세히 익혀서 이용하시면 정리가 잘 되어있다고 느껴질 겁니다.

도시교통 안내도는 호텔에서 구입하실 수 있습니다. 구입한 다음 시간 있는대로 호텔방에서 잘 살펴본 다음 휴대하고 외출하십시오.

▶ 북경 시내에는 버스와 트롤리 버스가 있습니다. 100번대가 주로 트롤리버스이고, 200번대는 야간, 300번대는 근교 버스입니다. 각 버스 정류장에는 노선 버스와 종점명, 행선지가 표시되어 있습니다. 타기 전에 반드시 확인하는 것이 안전합니다. 요금은 똑같지 않습니다.

▶ 손을 들면 어디에서라도 세워주며 내리고 싶은 곳에서 내릴 수 있는 미니버스(小公共汽车)가 있습니다.

王府井百货大楼 앞에서 탑니다. 승객이 다 타야 출발합니다. 17:00까지만 운행합니다. 싸고, 빠르고, 앉아서 갑니다. 요금은 2원에서 5원입니다.

▶ 지하철은 두 노선으로 1호선과 2호선은 순환선입니다. 운행시간은 약 10:00~22:20분 까지입니다. 성을 순환한다해서 환성(环城)이라고도 합니다. 요금은 1.5원입니다.

▶ 택시는 택시 승차장에서 타면 됩니다. 미터와 빈차 표시

가 설치되어 있습니다. 안전을 위해 타기 전에 목적지까지 얼마인지 확인해야 합니다.(고급 승용차일 경우)

주의사항

택시를 타다

편리하긴 하나 부당한 요금을 강요받을 수 있기 때문에 승차 전에 반드시 흥정을 하십시오.

(지도를 가리키면서)이곳으로 가 주십시오.

请 去 这 个 地 方。
Qǐng qù zhè ge dì fāng.
칭 취 즈어 꺼 띠 팡

차비는 얼마입니까?

车 费 要 多 少 钱?
Chē fèi yào duō shǎo qián?
츠어 페이 야오 뚜워 스아오 치엔

차가 막히지 않으면 50원입니다.

不 塞 车 的 话 要 五 十 元。
Bú sè chē de huà yào wǔ shí yuán.
부 써 츠어 더 화 야오 우 스 위안

너무 비쌉니다.

太 贵 了!
Tài guì le!
타이 꾸에이 러

往返	왕 판	왕복
高峰时间	까오 펑 스 지엔	러시아워
行李箱	씽 리 샹	짐칸(트렁크)
赶车	깐 츠어	차 시간에 맞추다

조금 싸게 해서 35원으로 합시다.

便 宜 一 点, 三 十 五 元。
Pián yi yì diǎn, sān shí wǔ yuán.
피엔 이 이 디엔 쓰안 스 우 위안

안 됩니다. 미터를 보시면 됩니다.

不 行 的。 您 可 以 看 车 表。
Bù xíng de. Nín kě yǐ kàn chē biǎo.
뿌 싱 더 닌 커 이 칸 츠어 비야오

이럽시다. 차 막히는 것과 관계없이

这 样 吧! 不 管 塞 不 塞 车
Zhè yàng ba! Bù guǎn sè bú sè chē
즈어 양 바 뿌 꾸안 써 부 써 츠어

40원으로 하시는 게 어떻습니까?

四 十 元 好 不 好?
sì shí yuán hǎo bù hǎo?
쓰 스 위안 하오 뿌 하오

택시를 타다

要车	야오 츠어	차가 필요하다
租车	즈우 츠어	택시를 이용하다
出租汽车	츄 즈우 치 츠어	(영업용-)택시
加费	지야 페이	추가비용, 비용을 늘리다

이 순서대로(메모에 적혀있는 장소대로) 가 주십시오.

请 按 这 个 次 序 开 车。
Qǐng àn zhè ge cì xù kāi chē.
칭 안 즈어 꺼 츠 쉬 카이 츠어

여기에서 20분만 기다려주십시오.

请 在 这 里 等 二 十 分 钟。
Qǐng zài zhè li děng èr shí fēn zhōng.
칭 즈아이 즈어 리 떵 얼 스 펀 쭝

중국 호텔로 돌아가겠습니다.

我 要 回 中 国 大 饭 店。
Wǒ yào huí Zhōng guó dà fàn diàn.
워 야오 후에이 쭝 꾸워 따 판 디엔

잔돈은 필요없습니다.

零 钱 不 必 找 了。
Líng qián bú bì zhǎo le.
링 치엔 부 삐 즈아오 러

放	팡ˋ	놓다(넣다)
忙	망ˊ	바쁘다
快	콰이ˋ	빠르다
远	위안ˇ	멀다

셔우 뚜 비행장으로 가려고 합니다.

我 要 去 首 都 机 场。
Wǒ yào qù Shǒu dū jī chǎng.
워 야오 취 셔우 뚜 지 츠앙

10시 비행기를 타려고 합니다.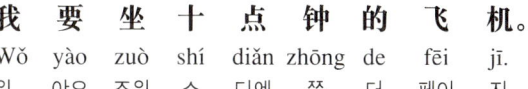

我 要 坐 十 点 钟 的 飞 机。
Wǒ yào zuò shí diǎn zhōng de fēi jī.
워 야오 쯔워 스 디엔 쭝 더 페이 지

어느 항공 회사입니까?

哪 个 航 空 公 司?
Nǎ ge háng kōng gōng sī?
나 꺼 항 콩 꿍 스

대한항공입니다.

大 韩 航 空 公 司。
Dà hán háng kōng gōng sī.
따 한 항 콩 꿍 스

택시를 타다

길을 묻다

길은 자주 확인하면서 가는 것이 즐겁고 또 사람을 사귀는 기회도 갖게 됩니다.

씨딴까지 가는 데 어떤 길로 가야합니까?

请 问 去 西 单 怎 么 走?
Qǐng wèn qù Xī dān zěn me zǒu?
칭 우언 취 씨 딴 전 머 져우

곧장 가면 바로 도착합니다.

您 一 直 走 就 到 了。
Nín yì zhí zǒu jiù dào le.
닌 이 즈 져우 지여우 따오 러

길을 건너야 합니까?

要 过 路 吗?
Yào guò lù ma?
야오 꾸워 루 마

길(건널목) 두 개를 건너야 합니다.

要 过 两 条 路。
Yào guò liǎng tiáo lù.
야오 꾸워 리양 티야오 루

十字路口	스 쯔 루 커우	사거리 입구
左转	즈워 쥬안	좌회전
就看见	지여우 칸 지엔	바로 보인다
胡同	후 통	골목

왕푸징으로 가는 데 이 길로 가면 맞습니까?

去 王 府 井 走 这 条 路 对 吗?
Qù Wáng fǔ jǐng zǒu zhè tiáo lù duì ma?
취 왕 푸 징 져우 즈어티아오 루 뚜에이 마

맞습니다. 앞 길 모퉁이에서 우회전하면 됩니다.

对! 在 前 面 路 口 右 转 就 是。
Duì! Zài qián miàn lù kǒu yòu zhuǎn jiù shì.
뚜에이 즈아이 치엔 미엔 루 커우 여우 쥬안 지여우 스

저도 마침 그곳으로 갑니다.

我 刚 好 也 去 那儿。
Wǒ gāng hǎo yě qù nàr
워 깡 하오 예 취 날

그럼 안내를 좀 해 주시겠습니까?

那 么, 请 您 带 路 可 以 吗?
Nà me, qǐng nín dài lù kě yǐ ma?
나 머 칭 닌 따이 루 커 이 마

길을 묻다

길을 잃었을 때

지도는 항상 휴대해야 하며 본인이 묵고 있는 호텔을 지도에 표시해 두십시오.

여기가 어디죠?

请 问 这 里 是 什 么 地 方?
Qǐng wèn zhè li shì shén me dì fāng?
칭 우언 즈어 리 스 션 머 띠 팡

이 거리는 무슨 거리죠?

这 条 路 是 什 么 路?
Zhè tiáo lù shì shén me lù?
즈어 티야오 루 스 션 머 루

(지도를 펴서)지금 제가 있는 위치를

你 可 以 告 诉 我,
Nǐ kě yǐ gào sù wǒ,
니 커 이 까오 쑤 워

좀 알려주시겠습니까?

现 在 在 什 么 地 方 吗?
xiàn zài zài shén me dì fāng ma?
시엔즈아이즈아이 션 머 띠 팡 마

迷路	미 루	길을 잃다
走错路了	져우 츠워 루 러	길을 잘못 들어섰다
东西	뚱 시	동서
南北	난 베이	남북

제가 묵고 있는 호텔에서 멉니까?

离 我 的 饭 店 远 吗?

Lí wǒ de fàn diàn yuǎn ma?

리 워 더 판 디엔 위안 마

걸어서 몇 분이나 걸립니까?

走 路 要 几 分 钟?

Zǒu lù yào jǐ fēn zhōng?

져우 루 야오 지 펀 쭝

걸어서 1시간 정도 걸립니다.

走 路 大 概 要 一 个 钟 头。

Zǒu lù dà gài yào yí ge zhōng tóu.

져우 루 따 까이 야오 이 꺼 쭝 터우

차 타고 20분이면 도착할 수 있습니다.

坐 车 二 十 分 钟 可 以 到。

Zuò chē èr shí fēn zhōng kě yǐ dào.

즈워 츠어 얼 스 펀 쭝 커 이 따오

길을 잃었을 때

누군가 길을 물을 때

차를 타거나 길을 가면 종종 길을 물어보는 사람이 있습니다. 몇 마디 외워 둡시다.

미안합니다. 저도 잘 모르겠습니다.

对 不 起！我 也 不 清 楚。
Duì bù qǐ! Wǒ yě bù qīng chǔ.
뚜에이뿌 치 워 예 뿌 칭 츠우

다른 분에게 물어 보십시오.

请 问 别 人 吧。
Qǐng wèn bié rén ba.
칭 우언 비예 런 바

저는 여행객입니다.

我 是 旅 客。
Wǒ shì lǚ kè.
워 스 뤼 커

제가 당신을 도와드릴 수가 없습니다.

我 帮 不 了 你。
Wǒ bāng bù liǎo nǐ.
워 빵 뿌 리야오 니

버스를 타다

북경시의 트롤리 버스, 버스, 지하철의 연합 정기권을 한 장 구입하면 시내를 자유롭게 다닐 수 있습니다.

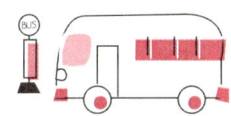

103번 트롤리버스는

请 问 １０３ 路 的 无 轨 电 车
Qǐng wèn yāo líng sān lù de wú guǐ diàn chē
칭 우언 야오 링 쓰안 루 더 우 꾸에이디엔 츠어

어디서 승차합니까?

在 哪 儿 搭 车?
zài nǎr dā chē?
즈아이 나얼 따 츠어

저쪽인데 보입니까?

在 那 边, 你 看 见 了 吗?
Zài nà biān, nǐ kàn jiàn le ma?
즈아이 나 비엔 니 칸 지엔 러 마

보입니다. 감사합니다.

看 见 了。 谢 谢!
Kàn jiàn le. Xiè xie!
칸 지엔 러 시예 시예

售票处	셔우 피야오 츠우	매표소
要下车	야오 샤 츠어	하차하려고 하다
换车	환 츠어	차를 갈아타다
几路车	지 루 츠어	몇 번 차

이 차 경산공원에 갑니까?

这 辆 车 去 景 山 公 园 吗?
Zhè liàng chē qù Jǐng shān gōng yuán ma?
즈어 리양 츠어 취 찡 샨 꿍 위안 마

경산공원까지 가는데

请 问 到 景 山 公 园 要
Qǐng wèn dào Jǐng shān gōng yuán yào
칭 우언 따오 찡 샨 꿍 위안 야오

몇 정거장 가야 합니까?

坐 几 站?
zuò jǐ zhàn?
즈워 지 즈안

아직 세 정거장 가야 합니다.

还 有 三 个 站。
Hái yǒu sān ge zhàn.
하이 여우 쓰안 꺼 즈안

客满	커 만	만원
排队	파이 뚜에이	줄을 서다
拥挤	융 지	붐비다
快车	콰이 츠어	급행

도착하면 알려 주시겠습니까?

到 了 请 告 诉 我 好 吗?
Dào le qǐng gào sù wǒ hǎo ma?
따오 러 칭 까오 쑤 워 하오 마

이번 역에서 하차하셔야 합니다.

这 一 站 你 要 下 车。
Zhè yí zhàn nǐ yào xià chē.
즈어 이 즈안 니 야오 샤 츠어

(앞에 있는 승객을 보고)내리실 겁니까?

你 下 车 吗?
Nǐ xià chē ma?
니 샤 츠어 마

저 좀 내리겠습니다.

我 要 下 车。
Wǒ yào xià chē.
워 야오 샤 츠어

버스를 타다

司机	쓰 지	운전사
高速公路	까오 쑤 꿍 루	고속도로
公车总站	꿍 츠어 종 즈안	버스 터미널
路线	루 시엔	노선

꾸러우까지 가는 데 몇 번 차를 탑니까?

去　鼓　楼　要　坐　几　路　车?
Qù　Gǔ　lóu　yào　zuò　jǐ　lù　chē?
취　꾸　러우　야오　즈워　지　루　츠어

58번 버스입니다.

5　8　路　车。
Wǔ shí bā　lù　chē.
우 스 빠　루　츠어

어디서 하차합니까?

在　哪儿　下　车?
Zà　nǎr　xià　chē?
즈아이　나얼　샤　츠어

꾸러우에서 하차합니다.

在　鼓　楼　下　车。
Zài　Gǔ　lóu　xià　chē.
즈아이　꾸　러우　샤　츠어

头班车	터우 빤 츠어	첫차
末班车	모 빤 츠어	막차
市区	스 취	시내
郊区	지야오 취	시외

어느 차가 즈어우 커우 디엔으로 갑니까?

哪 辆 车 去 周 口 店?
Nǎ liàng chē qù Zhōu kǒu diàn?
나 리양 츠어 취 즈어우 커우 디엔

오른쪽에서 세 번째 차입니다.

右 数 第 三 辆。
Yòu shǔ dì sān liàng.
여우 슈 띠 쓰안 리양

여기가 즈어우 커우 디엔으로 가기 위해 선 줄입니까?

这 是 排 去 周 口 店 的 队 吗?
Zhè shì pái qù Zhōu kǒu diàn de duì ma?
즈어 스 파이 취 즈어우커우 디엔 더 뚜에이 마

네, 그렇습니다.

是 的。
Shì de.
스 더

버스를 타다

售票员	서우 피야오 위안	버스 안내원(차장)
换乘	환 츠엉	~로 바꿔 타다
堵车	뚜 츠어	차가 막히다
买票	마이 피야오	표를 사다

표 네 장 사겠습니다.

我 买 四 张 票。
Wǒ mǎi sì zhāng piào.
워 마이 쓰 즈앙 피야오

어디 가십니까?

去 哪 里?
Qù nǎ li?
취 나 리

북경대학입니다.

北 京 大 学。
Běi jīng dà xué.
베이 찡 따 쉬에

어디서 승차하셨지요?

哪 里 上 的?
Nǎ li shàng de?
나 리 스앙 더

直达	즈 다	직행
慢车	만 츠어	완행
坐错车了	즈워 츠워 츠어 러	차를 잘못 탔다
不停车	뿌 팅 츠어	무정차

왕푸징에서 탔습니다.

王 府 井 上 的。
Wáng fǔ jǐng shàng de.
왕 푸 징 스앙 더

몇 정거장 갑니까?

坐 几 站?
Zuò jǐ zhàn?
즈워 지 즈안

다섯 정거장입니다. 1원 내십시오.

五 站。 一 元。
Wǔ zhàn. Yì yuán.
우 즈안 이 위안

북경대학 전문에서 하차합니다.

北 京 大 学 前 门 下 车。
Běi jīng dà xué qián mén xià chē.
베이 찡 따 쉬예 치엔 먼 샤 츠어

버스를 타다

지하철을 타다

북경시내를 순환하는 2호선과 시중심에서 서쪽 교외의 화과원까지 가는 1호선이 있습니다. 운행시간은 05:10~22:00 입니다.

마오주석 기념당까지 가는 데

请 问 去 毛 主 席 纪 念 堂
Qǐng wèn qù Máo zhǔ xí jì niàn táng
칭 우언 취 마오 쥬 시 찌 니엔 탕

어디에서 하차합니까?

要 在 哪儿 下 车?
yào zài nǎr xià chē?
야오 즈아이 나얼 샤 츠어

전문에서 하차하십시오.

在 前 门 下 车。
Zài qián mén xià chē.
즈아이 치엔 먼 샤 츠어

다음 역이 바로 전문입니다.

下 一 站 就 是 前 门。
Xià yí zhàn jiù shì qián mén.
샤 이 즈안 지여우 스 치엔 먼

100-101

一路线	이 루 시엔	1호선
二路线	얼 루 시엔	2호선
售票机	셔우 피아오 지	매표기
自动	즈 뚱	자동

지하철역까지 어떻게 갑니까?

请 问 地 铁 站 怎 么 走?
Qǐng wèn dì tiě zhàn zěn me zǒu?
칭 우언 띠 티예 즈안 전 머 져우

똑바로 가시다가 길을 건너면 바로 있습니다.

一 直 走 过 了 路 就 是。
Yì zhí zǒu guò le lù jiù shì.
이 즈 져우 꾸워 러 루 지여우 스

얼마나 가야 합니까?

要 走 多 久?
Yào zǒu duō jiǔ?
야오 져우 뚜워 지여우

10분 정도입니다.

十 分 钟 左 右。
Shí fēn zhōng zuǒ yòu.
스 펀 쭝 즈워 여우

지하철을 타다

주의사항

▶ **열차의 종류**

특급, 급행, 보통열차에 해당되는 **特快, 直快, 快客, 直客, 客** 다섯 종류가 있습니다.

▶ **车次**

중국의 모든 열차에는 '**车次**'라고 하는 열차 번호가 붙어 있습니다. 차표를 살 때는 이 **车次**를 반드시 지정해 주어야 합니다.

特快의 **车次**는 주로 1~98번입니다. 하룻밤 내지 이틀밤을 걸쳐서 여행하시는 분께서 이용합니다.

软卧(부드러운 침대칸, 고급), **硬卧**(딱딱한 침대칸), **硬座**(딱딱한 좌석)**车**와 식당차(**餐车**)로 편성되어 있습니다.

直快와 **快客**의 **车次**는 주로 100~300번입니다. 주요 도시를 연결하면서 밤새워 달리는 열차인데 **软卧**와 **硬座车** 그리고 식당차로 편성되어 있습니다.

快客는 낮 시간에 달리는 열차가 많습니다. 부드러운 좌석(**软座**)과 딱딱한 좌석(**硬座**)뿐입니다.

直客와 **客**의 **车次**는 주로 400~500번입니다. 속도가 느리고 역마다 정차합니다.

▶ **차표 사는 방법**

수수료를 약간 내면 CITS(중국국제여행사)에서 관광을 하는 동안에 차표를 구해줍니다. 다만 2, 3일 전에 북경과 상해, 큰 도시에서는 6일 전에 예약을 해야 차질이 없습니다.

▶ **기차역**

한 시간 전에 역에 도착해야 합니다. 중국의 역은 대부분 건물이 크고 시의 바깥쪽에 있는 곳이 많습니다. 때로는 역과 매표소가 다른 건물에 있을 수도 있습니다. 그러므로 미리 역에 도착하여 자신이 타려고 하는 열차가 어느 개찰구인지, 어디 있는지, 어느 플랫폼에서 출발하는지, 어느 대합실인지, 확인해 두셔야 합니다. 모르면 다른 사람에게 물어 보십시오. 가장 안전한 것은 써달라고 해서 대합실 간판에 써 있는 것과 비교해 보십시오.

▶ **열차내에서의 식사**

두 가지 방법이 있습니다. 하나는 도시락을 사먹는 것이고 또 하나는 직접 식당차로 가서 식사하는 것입니다. 도시락은 아침, 점심, 저녁별로 시간이 되면 '식권 사세요 买票(마이 피야오)'하면서 흰 옷을 입은 사람이 식권을 팔러 옵니다. 그것을 사두면 됩니다. 식당차에서는 직접 돈을 내고 먹습니다. 영업시간을 미리 알아둬야 합니다.

▶ **열차를 놓쳤다면**

차표 뒤에 보면 얇고 작은 종이가 붙어 있는데 여기에 **车次**, 차종, 승차일, 좌석의 종류, 좌석번호가 적혀 있습니다. 이것은 '**签字**'라고 하는데 차표 받은 후에 **签字**에 적혀 있는 내용이 맞는지, 다른 날짜와 **车次**로 되어있는지를 확인하시고 절대로 찢거나 잃어버리지 않도록 주의 하십시오. 이것은 승차 허가증이므로 차표만 가지고는 승차할 수 없습니다.

주의사항

기차를 타다 (차표 구입의 예)

北京~吉林,第271次, 直快, ○月○日,
08:20, 硬卧 票 一张
종이에 써서 보여 주십시오.

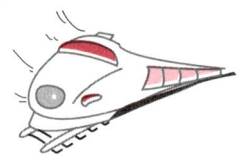

지린으로 가는

请 给 我 一 张 去 吉 林,
Qǐng gěi wǒ yì zhāng qù Jí lín,
칭 게이 워 이 즈앙 취 지 린

271편 특급차의 일반 침대표 한 장 주십시오.

2 7 1 次 直 快 车, 硬 卧 票 一 张。
èr qīyāo cì zhí kuài chē, yìng wò piào yì zhāng.
얼 치 야오 츠 즈 콰이 츠어 잉 워 피야오 이 즈앙

몇 일 겁니까?

几 号 的?
Jǐ hào de?
지 하오 더

3월 18일 겁니다.

三 月 十 八 号 的。
Sān yuè shí bā hào de.
쓰안 위예 스 빠 하오 더

104-105

火车	후워 츠어	기차
买票	마이 피야오	표를 사다
预票	위 피야오	예매
当天	땅 티엔	당일

18일 표는 매진입니다.

十　八　号　卖　完。
Shí　bā　hào　mài　wán.
스　빠　하오　마이　완

19일 것은 있습니다.

有　十　九　号　的。
Yǒu　shí　jiǔ　hào　de.
여우　스　지여우　하오　더

그럼, 19일 것으로 주십시오.

那　么，给　我　十　九　号　的　吧。
Nà　me,　gěi　wǒ　shí　jiǔ　hào　de　ba.
나　머　게이　워　스　지여우　하오　더　바

몇 시에 지린에 도착합니까?

几　点　到　吉　林？
Jǐ　diǎn　dào　Jí　lín?
지　디엔　따오　지　린

기차를 타다

特快	터 콰이	초특급
直快	즈 콰이	특급
快客	콰이 커	중급
直客	즈 커	완행

항즈어우로 가는 매표소는 어디 있습니까?

请 问 去 杭 州 的 售 票 处 在 哪儿?
Qǐngwèn qù Hángzhōu de shòu piào chù zài nǎr?
칭 우언 취 항 즈어우 더 셔우 피야오 츄 즈아이 나얼?

(손으로 가리키면서)오른쪽에 있는 저 빌딩입니다.

在 右 边 那 个 大 厦。
Zài yòu biān nà ge dà shà.
즈아이 여우 비엔 나 꺼 따 스아

항즈어우로 가는 차 있습니까?

有 去 杭 州 的 车 吗?
Yǒu qù Háng zhōu de chē ma?
여우 취 항 즈어우 더 츠어 마

당일입니까?(오늘 겁니까?)

当 日 的 吗?
Dāng rì de ma?
땅 르 더 마

硬卧	잉 워	일반 침대
软卧	루안 워	일등 침대
硬座	잉 쯔워	일반석
软座	루안 쯔워	일등석

당일 것도 좋고 내일 것도 괜찮습니다.

当 日 也 好, 明 天 也 可 以。
Dāng rì yě hǎo, míng tiān yě kě yǐ.
땅 르 예 하오 밍 티엔 예 커 이

오늘 15편 초특급차가 있습니다.

有 今 天 的 十 五 次 特 快。
Yǒu jīn tiān de shí wǔ cì tè kuài.
여우 찐 티엔 더 스 우 츠 터 콰이

몇 시에 출발합니까?

几 点 钟 开 车?
Jǐ diǎn zhōng kāi chē?
지 디엔 쭝 카이 츠어

13시 10분입니다.

十 三 点 十 分 开。
Shí sān diǎn shí fēn kāi.
스 쓰안 디엔 스 펀 카이

기차를 타다

火车站	후워 츠어 즈안	기차역
往返	왕 판	왕복
车票	츠어 피아오	차표
退票	투에이 피아오	환불(기차표)

편도 한 장 주십시오.

给 一 张 单 程 的。
Gěi yì zhāng dān chéng de.
게이 이 즈앙 딴 츠엉 더

일등석입니까, 아니면 일반석입니까?

要 软 座 还 是 硬 座?
Yào ruǎn zuò hái shì yìng zuò?
야오 루안 즈워 하이 스 잉 즈워

일등석을 원합니다.

要 软 座。
Yào ruǎn zuò.
야오 루안 즈워

12 원입니다.

十 二 块。
Shí èr kuài.
스 얼 콰이

服务台	푸 우 타이	안내소
时间表	스 지엔 비야오	시간표
餐厅车	츠안 팅 츠어	식당차
目的地	무 디 띠	목적지

란 즈어우로 가는 개찰구는 어디 있습니까?

去 兰 州 的 剪 票 处 在 哪儿?
Qù Lán zhōu de jiǎn piào chù zài nǎr?
취 란 즈어우 더 지엔 피야오 츄 즈아이 날

제일 왼쪽에 있습니다.

在 最 左 边。
Zài zuì zuǒ biān.
즈아이 즈우에이 즈워 비엔

몇 번 홈에서 발차합니까?

在 几 号 站 台 开 车?
Zài jǐ hào zhàn tái kāi chē?
즈아이 지 하오 즈안 타이 카이 츠어

6번 홈입니다.

六 号 站 台。
Liù hào zhàn tái
리유 하오 즈안 타이

기차를 타다

上车	스앙 츠어	차에 오르다
列车员	리예 츠어 위안	열차 승무원
候车室	허우 츠어 스	대합실
班次	빤 츠	~편

차안에서

여기는 제 좌석입니다.

这 是 我 的 坐 位。
Zhè shì wǒ de zuò wèi.
즈어 스 워 더 즈워 우에이

미안합니다. 제가 잘못 봤습니다.

对 不 起! 我 看 错 了。
Duì bù qǐ! Wǒ kàn cuò le.
뚜에이 뿌 치 워 칸 츠워 러

제 좌석은 어디죠?

我 的 位 子 在 哪儿 呢?
Wǒ de wèi zi zài nǎr ne?
워 더 우에이 즈 즈아이 날 너

제가 좀 보겠습니다. 당신 좌석은 저기입니다.

我 看 一 下。你 的 坐 位 是 那儿。
Wǒ kàn yí xià. Nǐ de zuò wèi shì nàr.
워 칸 이 샤 니 더 즈워 우에이 스 날

饭盒儿	판 흐얼	도시락
窗户	츄앙 후	창문
打开	따 카이	열다
排队	파이 뚜에이	줄서다

차안에서 좌석을 바꾸다

열차 지정받는 곳이 어디입니까?

请 问 签 字 处 在 哪儿?

Qǐng wèn qiān zì chù zài nǎr?
칭 우언 치엔 즈 츄 즈아이 날

곧장 가시다가 우회전하시면 바로입니다.

一 直 走 右 转 就 是。

Yì zhí zǒu yòu zhuǎn jiù shì.
이 즈 저우 여우 쥬안 지여우 스

이것은 제 차표입니다. 길이 막혀서 차시간을 놓쳤습니다.

这 是 我 的 车 票, 因 塞 车 没 赶 上 车。

Zhè shì wǒ de chē piào, yīn sè chē méi gǎn shàng chē.
즈어 스 워 더 츠어피야오 인 써 츠어 메이 깐 스앙츠어

다음 열차로 좀 바꿔 주시겠습니까?

请 给 我 换 一 张 下 班 车 可 以 吗?

Qǐng gěi wǒ huàn yì zhāng xià bān chē kě yǐ ma?
칭 게이 워 환 이 즈앙 샤 빤 츠어 커 이 마

기차를 타다

无座	우 쯔워	입석
七号车	치 하오 츠어	7호차
顶峰时间	띵 펑 스 지엔	러시아워
延车	이엔 츠어	연착

침대표로 바꾸고 싶은데 침대자리가 있습니까?

我 想 换 一 张 卧 铺, 有 床 位 吗?
Wǒ xiǎng huàn yì zhāng wò pù yǒu chuáng wèi ma?
워 시양 환 이 즈앙 워 푸 여우 추앙우에이 마

보통 침대칸 두 장밖에 없습니다.

只 有 硬 卧 两 张。
Zhǐ yǒu yìng wò liǎng zhāng.
즈 여우 잉 워 리양 즈앙

좋습니다, 한 장 주십시오.

好, 我 要 一 张。
Hǎo, wǒ yào yì zhāng.
하오 워 야오 이 즈앙

123원을 추가로 지불하셔야 합니다.

要 加 一 百 二 十 三 元 的 钱。
Yào jiā yì bǎi èr shí sān yuán de qián.
야오 지야 이 바이 얼 스 쓰안 위안 더 치엔

주의사항 (근교 버스를 타다)

▶ 사람이 많이 왕래하지 않는 곳으로 가기에 적합한 교통수단입니다. 외국인 요금도 적용되지 않습니다.

▶ 우선 역구내의 매점이나 외국인용 호텔에서 버스 노선도를 구입합니다.

▶ 노선도를 잘 보면 시내만이 아니라 근교의 볼만한 곳이 사진과 함께 실려 있습니다.

▶ 이 근교 버스는 관광안내 책자에 실려있지 않은 도시나 개방되지 않은 시골 마을로 데려다 줍니다.

▶ 짐은 터미널 내에 있는 **行李服务处**(씽 리 푸 우 츄)로 가서 무게를 달고 소정의 금액을 지불하고 영수증을 받아 버스로 가면 운전사나 역의 승무원이 짐을 지붕 위에 얹어 줍니다. 버스 밑에 넣는 경우에는 버스를 탈 때 표를 직원에게 보이면 요금을 요구합니다. 요금을 지불하면 직원이 넣어 줍니다.

▶ 중국은 가솔린의 질이 나쁘기 때문에 차 안에 배기 가스가 가득차 있습니다. 이때 마스크나 젖은 타월을 입과 코를 누르고 있으면 편안합니다.

장거리 버스를 타다

장거리 버스는 모두 예약제이므로 가능한 전날에 차표를 사둬야 합니다.

예매하는 걸 도와주실 수 있습니까?

可 以 帮 忙 预 售 吗?
Kě yǐ bāng máng yù shòu ma?
커 이 빵 망 위 셔우 마

국내입니까, 아니면 외국입니까?

国 内 还 是 国 外?
Guó nèi hái shì guó wài?
꾸워 네이 하이 스 꾸워 와이

국내선입니다.

国 内 线。
Guó nèi xiàn.
꾸워 네이 시엔

어디까지 가십니까? 며칠 입니까?

到 哪 里? 几 号?
Dào nǎ li? Jǐ hào?
따오 나 리 지 하오

长途汽车站	츠앙 투 치 츠어 즈안	장거리 터미널
行李服务处	씽 리 푸 우 츄	여행화물 안내소
自助旅行	즈 쥬 뤼 씽	혼자 여행
旅游	뤼 여우	여행

장거리 버스로 우에이하이에서 이엔타이까지 입니다.

长途汽车从威海到烟台。

Chángtú qì chē cóng Wēi hǎi dào Yān tái.

츠앙 투 치 츠어 총 우에이하이 따오 이엔 타이

내일 오전에 출발하는 것입니다.

明天上午出发的。

Míng tiān shàng wǔ chū fā de.

밍 티엔 스앙 우 츄 파 더

오전 8시 반 차로 되겠습니까?

上午八点半的车可以吗?

Shàng wǔ bā diǎn bàn de chē kě yǐ ma?

스앙 우 빠 디엔 빤 더 츠어 커 이 마

16원입니다. 수수료 5원. 합계 21원입니다.

十六元。加费五元。一共二十一元。

Shí liù yuán. Jiā fèi wǔ yuán. Yí gòng èr shí yī yuán.

스 리유 위안 지야페이 우 위안 이 꿍 얼 스 이 위안

장거리 버스를 타다

관광버스를 타다

관광업이 발전된 도시에는 관광버스가 있습니다. 꼭 한번 이용해보도록 하십시오.

안녕하세요! 즈어우 커우 디엔까지 가는

您好！ 请 问 有 去 周 口 店
Nín hǎo! Qǐng wèn yǒu qù Zhōu kǒu diàn
닌 하오 칭 우언 여우 취 즈어우 커우 디엔

관광차 있습니까?

的 游 览 车 吗?
de yóu lǎn chē ma?
더 여우 란 츠어 마

일일관광입니까 아니면 이틀(일박이일)입니까?

是 游 览 一 天 还 是 两 天 的?
Shì yóu lǎn yì tiān hái shì liǎng tiān de?
스 여우 란 이 티엔 하이 스 리양 티엔 더

몇 시에, 어디에서 출발합니까?

几 点, 在 哪 里 出 发?
Jǐ diǎn, zài nǎ li chū fā?
지 디엔 즈아이 나 리 츄 파

游览车	여우 란 츠어	관광차
自由活动	즈 여우 후워 뚱	자유시간
博物馆	뽀 우 꾸안	박물관
是的	스 더	그렇습니다

첫 차가 맞은편 길가에서 7시에 출발합니다.

第 一 班 次 在 对 面 路 边 七 点 出 发。

Dì yī bān cì zài duì miàn lù biān qī diǎn chū fā.
띠 이 빤 츠 즈아이뚜에이미엔루 삐엔 치 디엔 츄 파

몇 시에 돌아옵니까?

几 点 回 来?

Jǐ diǎn huí lái?
지 디엔 후에이 라이

9시에 북경으로 돌아옵니다.

九 点 回 到 北 京。

Jiǔ diǎn huí dào Běi jīng.
지여우디엔 후에이 따오 베이 찡

한 사람당 얼마입니까?

一 人 多 少 钱?

Yì rén duō shǎo qián?
이 런 뚜워 스아오 치엔

集合	지 흐어	집합
门口	먼 커우	문 입구
返回	판 후에이	돌아오다
观览	꾸안 란	관람

한 사람에 25원입니다.

一 人 二 十 五 元。
Yì rén èr shí wǔ yuán.
이 런 얼 스 우 위안

외국인은 25원을 더 내셔야 합니다.

外 国 人 要 加 费 二 十 五 元。
Wài guó rén yào jiā fèi èr shí wǔ yuán.
와이 꾸워 런 야오 지야 페이 얼 스 우 위안

두 장 주십시오.

请 给 我 两 张。
Qǐng gěi wǒ liǎng zhāng.
칭 게이 워 리양 즈앙

당신은 7시까지 여기에 도착하셔야 합니다.

您 七 点 钟 要 到 这 里 来。
Nín qī diǎn zhōng yào dào zhè li lái.
닌 치 디엔 쭝 야오 따오 즈어 리 라이

주의사항 (비행기 타기)

▶ 중국 국내에서는 역시 중국 민항(CAAC)의 편수가 제일 많습니다. 물론 이 밖에 편수는 적지만 중국항편, 신강항공공사, 상해항공공사 등도 많이 있습니다.

▶ 북경~상해~광주 등 주요 노선은 하루 8~10편이 운항되고 있습니다. 보통 다른 지역은 1일에 1편에서 2편입니다. 외국인 특권은 없습니다.

▶ 온라인화가 완료된 주요 도시에선 어느 곳에서나 어떤 여정에서나 사전에 예약을 할 수 있으나 온라인화되지 않은 지방 도시에선 탑승지 이외의 도시에서 예약은 불가능합니다. 갈아타거나 왕복표의 예약도 할 수 없기 때문에 가능한 것은 탑승지에서 처음 목적지까지의 예약입니다.

▶ 호텔내의 여행사에서도 예약 대행을 해주지만 수수료가 상당히 비쌉니다. 직접 CAAC 사무실로 가는 게 좋습니다. 예약 카운터에는 전날부터 3~7일 후까지 좌석 상황을 나타내는 보드가 있습니다. '无'이라는 곳에 빨간 램프가 켜져 있으면 만원입니다. '有'라는 곳에 녹색 램프가 켜져 있으면 빈 좌석이 있음을 나타냅니다. 계절에 따라 변동은 있지만 미리 계획하는 것이 안전하고 즐거운 여행을 할 수 있습니다.

▶ 매표소의 카운터에는 **搭机表**(따 찌 비야오)라는 부킹 폼이 있습니다. 거기에 이름, 국적, 여권번호, 편명, 행선지 등을

써서 여권과 함께 카운터에 제출합니다.

▶ 예약이 된 후에 돈을 지불하면 항공권을 건네줍니다.

▶ 결항일 때는 중국 민항 사무실로 가서 자기 티켓의 날짜를 변경해셔야 합니다.

▶ 특히 결항이 많은 곳은 사천지방의 겨울입니다. 충분한 시간적 여유를 두십시오.

국내 비행기를 타다

탑승하기 전에 맡겼던 화물이 어디로 나오는지 공항에 따라 다르기 때문에 담당자에게 물어본 뒤 그곳에서 기다립시오. 그리고 화물번호를 잊어버리지 마십시오.

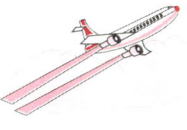

탑승수속을 하려고 하는데요.

我 要 办 登 机 手 续。
Wǒ yào bàn dēng jī shǒu xù.
워 야오 빤 떵 지 셔우 쉬

좋은 자리로 한 장 주십시오.

请 给 一 张 好 坐 位。
Qǐng gěi yì zhāng hǎo zuò wèi.
칭 게이 이 즈앙 하오 즈워 우에이

몇 시에 이륙합니까?

几 点 起 飞?
Jǐ diǎn qǐ fēi?
지 디엔 치 페이

몇 번 게이트입니까?

是 几 号 登 机 口?
Shì jǐ hào dēng jī kǒu?
스 지 하오 떵 지 커우

国内线	꾸워 네이 시엔	국내선
国际线	꾸워 찌 시엔	국제선
班次	빤 츠	~편
到达时间	따오 다 스 지엔	도착시간

여기가 츠엉뚜행 게이트입니까?

这 是 去 成 都 的 登 机 口 吗?
Zhè shì qù Chéng dū de dēng jī kǒu ma?
즈어 스 취 츠엉 뚜 더 떵 지 커우 마

표 좀 보여주십시오.

请 给 看 一 下 票。
Qǐng gěi kàn yí xià piào.
칭 게이 칸 이 샤 피야오

여기가 제 좌석입니다.

这 是 我 的 坐 位。
Zhè shì wǒ de zuò wèi.
즈어 스 워 더 쭈워 우에이

미안합니다. 제가 번호를 잘못 봤군요.

对 不 起, 我 看 错 号 码 了。
Duì bù qǐ, wǒ kàn cuò hào mǎ le.
뚜에이 뿌 치 워 칸 츠워 하오 마 러

주의사항(자전거를 빌리다)

▶ 유학생이나 시내를 천천히 돌아보고 싶어하시는 분은 자전거를 이용하는 것이 적당합니다.

▶ 다만 도난 사고가 많으므로 각 명소와 시장 부근에 있는 유료 자전거 보관소에 맡겨 열쇠로 잠궈 둬야 합니다.

▶ **자전거 대여점**
  ① 崇文门 교차점의 崇文门 烤鸭店 옆에
     (崇文区 利民自行车修理门市部)
  ② 东单과 长安街의 교차점 东单食品店 옆에
     (东单南修理自行车修理门市部)
  ③ 建华南路의 友谊商店 앞에
     (建国门外自行车修理门市部)
  ④ 崇文门内大街의 북쪽으로 조금만 걸으면 오른편에
     (崇内自行车修理部)

자전거를 타다

고장이 나면 길가의 개인 수리점에 맡기면 됩니다. 펑크가 난 경우에는 10분이면 됩니다.

자전거 한 대를 빌리려고 합니다.

我 要 借 一 辆 自 行 车。
Wǒ yào jiè yí liàng zì xíng chē.
워 야오 지예 이 리양 즈 씽 츠어

하루에 얼마입니까?

一 天 要 多 少 钱?
Yì tiān yào duō shǎo qián?
이 티엔 야오 뚜워 스아오 치엔

하루 동안은 50원이고, 반나절은 30원입니다.

一 天 是 五 十 元 , 半 天 是 三 十 元。
Yì tiān shì wǔ shí yuán, bàn tiān shì sān shí yuán.
이 티엔 스 우 스 위안 빤 티엔 스 쓰안 스 위안

여권을 맡겨둬야 합니까?

要 护 照 保 管 吗?
Yào hù zhào bǎo guǎn ma?
야오 후 즈아오 바오 꾸안 마

抛锚	파오 마오	시동이 안 걸림
毛病	마오 빙	문제, 고장
车行	츠어 항	자동차, 자전거 전문점
车把	츠어 바	자전거 핸들

타이어가 펑크 났습니다.

我 的 车 胎 破 了。
Wǒ de chē tāi pò le.
워 더 츠어 타이 포 러

수리를 좀 할까 하는데 얼마입니까?

要 修 理 一 下, 多 少 钱?
Yào xiū lǐ yí xià, duō shǎo qián?
야오 시여우 리 이 샤 뚜워 스아오 치엔

얼마나 기다려야 합니까?

要 等 多 久?
Yào děng duō jiǔ?
야오 떵 뚜워 지여우

좀 빨리 해 주시겠습니까?.

快 点儿 好 吗?
Kuài diǎnr hǎo ma?
콰이 디얼 하오 마

자전거를 타다

중국인과의 대화

주의사항 128
처음 만났을 때 129
직업을 묻고자 할 때 135
학생을 만날 때 138
가족상황을 물을 때 143
취미를 묻고자 할 때 145
헤어질 때 149

　　　주의사항

▶ 가이드를 따라 다니면서 구경하는 것도 즐거운 여행이지만 다른 관광객들이 가보지 못한 시골을 여행해 보십시오.

▶ 시골에 있는 농민과의 대화 경험이 당신을 한층 더 의미 있는 여행으로 기억하게 할 겁니다.

▶ 서툴지만 과감하게 천천히 시도해 보십시오. 필요에 따라 필답도 사용하십시오.

▶ 본 여행 책자를 항상 휴대하여 필요한 페이지를 찾아 손으로 가리키면서 대화를 해도 됩니다.

▶ 꼭 알아둬야 할 점은 경제 또는 정치 이야기는 피하는 것이 좋습니다.

▶ 선물은 한국적인 기념품이 좋습니다.

▶ 중국인과 처음 대화하긴 어렵지만 인내심을 갖고 다가가면 무척 다정다감합니다. 원래 낙천적인 국민이라 사람을 편안하게 해주는 능력을 갖고 있습니다. 배울 점도 많습니다.

▶ 자기 나라를 지나치게 자랑하지 마십시오.

▶ 겸손한 마음으로 가까운데서 중국 문화를 관찰합시다.

처음 만났을 때

중국인도 악수하는 습관이 있습니다. 여성에게 악수를 청하는 예절도 같습니다.

안녕하세요. 저는 한국에서 왔습니다.

您 好! 我 是 从 韩 国 来 的。
Nín hǎo! Wǒ shì cóng Hán guó lái de.
닌 하오 워 스 총 한 꾸워 라이 더

성은 김입니다. 이것은 제 명함입니다.

姓 金, 这 是 我 的 名 片。
Xìng Jīn, zhè shì wǒ de míng piàn.
씽 찐 즈어 스 워 더 밍 피엔

성함이 어떻게 되시죠?

请 问 您 贵 姓?
Qǐng wèn nín guì xìng?
칭 우언 닌 꾸에이 씽

만나게 되어서 반갑습니다.

见 到 您 很 高 兴。
Jiàn dào nín hěn gāo xìng.
지엔 따오 닌 헌 까오 씽

처음 만났을 때

待几天	따이 지 티엔	며칠 머물지요
以后	이 허우	이후
风光	펑 꽝	경치
漂亮	피아오 리앙	멋있다. 예쁘다

한국을 아십니까?

您 知 道 韩 国 吗?
Nín zhī dào Hán guó ma?
닌 즈 따오 한 꾸워 마

당신 한국말 할 줄 압니까?

您 会 说 韩 国 话 吗?
Nín huì shuō Hán guó huà ma?
닌 후에이 슈워 한 꾸워 화 마

여기 사십니까?

您 住 这 里 吗?
Nín zhù zhè li ma?
닌 쥬 즈어 리 마

네. 전 이 마을에서 삽니다.

是 的, 我 住 在 这 个 小 镇 上。
Shì de, wǒ zhù zài zhè ge xiǎo zhèn shang.
스 더 워 쥬 즈아이 즈어 꺼 샤오 전 스앙

美	메이	아름답다
愉快	위 콰이	유쾌하다
印象	인 시양	인상
城市	츠엉 스	도시

애석하게도 전 한국말을 할 줄 모릅니다.

很 可 惜, 我 不 会 说 韩 国 话。
Hěn kě xī, wǒ bú huì shuō Hán guó huà.
헌 커 시 워 부 후에이 슈워 한 꾸워 화

당신께서는 중국말을 아주 잘 하시는군요.

您 的 中 国 话 说 得 很 好。
Nín de Zhōng guó huà shuō de hěn hǎo.
닌 더 쭝 꾸워 화 슈워 더 헌 하오

감사합니다. 전 열심히 더 배워야 겠습니다.

谢谢! 我 还 要 努 力 学 习。
Xiè xie! Wǒ hái yào nǔ lì xué xí.
시예 시예 워 하이 야오 누 리 쉬예 시

당신을 알게 되어서 기쁩니다.

认 识 您 很 高 兴。
Rèn shi nín hěn gāo xìng.
런 스 닌 헌 까오 씽

처음 만났을 때

旅程	뤼 츠엉	여정
考察	카오 츠아	고찰
好奇	하오 치	호기심
沟通	꺼우 통	통하다

중국에 처음 오신 겁니까?

您 第 一 次 来 中 国 吗?
Nín dì yí cì lái Zhōng guó ma?
닌 띠 이 츠 라이 쭝 꾸워 마

아닙니다. 세 번째 온 겁니다.

不 是, 我 是 第 三 次 来。
Bú shì, wǒ shì dì sān cì lái.
부 스 워 스 띠 쓰안 츠 라이

온 지 얼마나 되셨습니까?

来 了 多 久 了?
Lái le duō jiǔ le?
라이 러 뚜워 지여우 러

벌써 열흘이나 됐습니다.

已 经 十 天 了。
Yǐ jīng shí tiān le.
이 찡 스 티엔 러

玩儿	왈	놀다
访客	팡 커	방문객
采访	츠아이 팡	방문(탐방)
访问	팡 우언	인터뷰

어디를 유람하셨습니까?

您 游 览 了 什 么 地 方?
Nín yóu lǎn le shén me dì fāng?
닌 여우 란 러 션 머 띠 팡

전 많은 곳을 갔다왔습니다.

我 去 过 很 多 地 方。
Wǒ qù guò hěn duō dì fāng.
워 취 꾸워 헌 뚜워 띠 팡

재미있었습니까?

好 玩 吗?
Hǎo wán ma?
하오 완 마

백문이 불여일견입니다.

真 是 百 闻 不 如 一 见。
Zhēn shì bǎi wén bù rú yí jiàn.
전 스 바이 우언 뿌 루 이 지엔

처음 만났을 때

读万卷书	두 완 쥐안 슈	만 권의 책을 읽다
不如	뿌 루	~만큼 못하다
行万里路	씽 완 리 루	만리의 길을 걷다
不虚此行	뿌 쉬 츠 씽	이 여행은 헛되지 않았다

내일은 주말이라서, 제가 유람을 갈까 하는데

明 天 是 周 末, 您 能 陪
Míng tiān shì zhōu mò, nín néng péi
밍 티엔 스 즈어우 모 닌 넝 페이

동반해 주실 수 있겠습니까?

我 去 游 览 吗?
wǒ qù yóu lǎn ma?
워 취 여우 란 마

이것은 제가 묵고 있는 호텔 전화

这 是 我 的 饭 店 电 话
Zhè shì wǒ de fàn diàn diàn huà
즈어 스 워 더 판 디엔 디엔 화

번호와 방 번호입니다.

号 码 和 房 间 号 码。
hào mǎ hé fáng jiān hào mǎ.
하오 마 흐어 팡 지엔 하오 마

직업을 묻고자 할 때

중국 사회에서는 모든 사람들이 직업을 갖고 있습니다. 맞벌이 부부도 많고 여성도 육체노동(공장)을 하러 다닙니다.

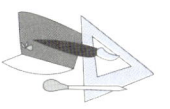

직업이 무엇입니까?(어떤 일을 하십니까?)

您 做 什 么 工 作?
Nín zuò shén me gōng zuò?
닌 즈워 션 머 꿍 즈워

저는 기술자입니다.

我 是 工 程 师。
Wǒ shì gōng chéng shī.
워 스 꿍 츠엉 스

어디에서 일을 하십니까?

在 哪儿 工 作?
Zài nǎr gōng zuò?
즈아이 나얼 꿍 즈워

과학기술원에서 일합니다.

在 科 学 技 术 院 工 作。
Zài kē xué jì shù yuàn gōng zuò.
즈아이 커 쉬예 지 슈 위안 꿍 즈워

上班	스앙 빤	출근
下班	샤 빤	퇴근
车间	츠어 지엔	(회사, 공장 등의)작업장
工资	꿍 즈	월급

하루에 몇 시간 일을 하십니까?

一 天 工 作 几 个 钟 头?
Yì tiān gōng zuò jǐ ge zhōng tóu?
이 티엔 꿍 즈워 지 꺼 쯍 터우

연장 근무가 없으면, 하루에

不 加 班 的 话, 一 天
Bù jiā bān de huà, yì tiān
뿌 지야 빤 더 화 이 티엔

8시간 일을 합니다. 당신은요?

工 作 八 个 钟 头。 您 呢?
gōng zuò bá ge zhōng tóu. Nín ne?
꿍 즈워 빠 꺼 쯍 터우 닌 너

저는 교사입니다.

我 是 教 师。
Wǒ shì jiào shī.
워 스 지야오 스

직업

列车员	liè chē yuán	리예 츠어 위안	승무원
售票员	shòu piào yuán	셔우 피야오 위안	매표원
商人	shāng rén	스앙 런	상인
隋从	suí cóng	수에이 총	수행원
解放军	jiě fàng jūn	지예 팡 쥔	군인
银行员	yín háng yuán	인 항 위안	은행원
工作人	gōng zuò rén	꿍 즈워 런	일꾼
节目主持人	jié mù zhǔ chí rén	지예 무 쥬 츠 런	사회자
明星	míng xīng	밍 씽	영화배우
公案员	gōng àn yuán	꿍 안 위안	경찰
歌星	gē xīng	꺼 씽	가수
交警	jiāo jǐng	지야오 찡	교통경찰
演员	yǎn yuán	이엔 위안	연극배우
工人	gōng rén	꿍 런	노동자
教授	jiào shòu	지야오 셔우	교수
售货员	shòu huò yuán	셔우 후워 위안	판매원

직업을 묻고자 할 때

학생을 만날 때

학생들과 대화해 보십시오. 그럼 중국의 미래를 느낄 수 있습니다.

어느 학교에서 공부하십니까?

你 在 哪 个 学 校 念 书?
Nǐ zài nǎ ge xué xiào niàn shū?
니 즈아이 나 꺼 쉬예 시야오 니엔 슈

북경대학에 다닙니다.

我 念 北 大。
Wǒ niàn Běi dà.
워 니엔 베이 따

몇 학년입니까?

几 年 级?
Jǐ nián jí?
지 니엔 지

4 학년입니다.

四 年 级。
Sì nián jí.
쓰 니엔 지

学生	쉬예 성	학생
小学	시아오 쉬예	초등학교
初中	츄 쭝	중학교
高中	까오 쭝	고등학교

전공이 무엇입니까?

专 业 是 什 么?
Zhuān yè shì shén me?
쮸안 예 스 션 머

경제를 배우고 있습니다.

学 经 济。
Xué Jīng jì.
쉬예 찡 찌

왜 경제를 배우려고 합니까?

为 什 么 要 学 经 济?
Wèi shén me yào xué Jīng jì?
우에이 션 머 야오 쉬예 찡 찌

저희 나라에서 지금 국가건설에 경제가 가장 필요하기때문입니다.

因 为 我 们 国 家 正 须 要 经 济 来 建 设。
Yīn wèi wǒ menguó jiāzhèngxū yào jīng jì lái jiàn shè.
인 우에이워 먼 꾸워 지야쩡엉 쉬 야오 찡 찌 라이지엔 셔

학생을 만날 때

老师	라오 스	선생님
教授	지야오 셔우	교수
考试	카오 스	시험
功课	꿍 커	공부

졸업 후 무엇을 할겁니까?

毕 业 后 干 什 么?
Bì yè hòu gàn shén me?
삐 예 허우 깐 션 머

대학원 시험을 보거나 유학 시험을 볼 겁니다.

考 研 究 所 或 考 留 学。
Kǎo yán jiù suǒ huò kǎo liú xué.
카오 이엔 지여우 스워 후워 카오 리유 쉬예

몇 개 국어를 배운 적이 있습니까?

你 学 过 几 国 外 文?
Nǐ xué guò jǐ guó wài wén?
니 쉬예 꾸워 지 꾸워 와이 우언

영어와 독어입니다.

英 文 跟 德 文。
Yīng wén gēn Dé wén.
잉 우언 껀 더 우언

학 과

数学系	shùxuéxì	슈 쉬예 씨	수학과
统计学系	tǒngjìxuéxì	통 찌 쉬예 씨	통계학과
力学系	lìxuéxì	리 쉬예 씨	역학과
物理学系	wùlǐxuéxì	우 리 쉬예 씨	물리학과
地球物理学系	dìqiúwùlǐxuéxì	띠 치유 우 리 쉬예 씨	지구물리학과
技术物理学系	jìshùwùlǐxuéxì	찌 슈 우 리 쉬예 씨	기술물리학과
电子学系	diànzǐxuéxì	디엔 쯔 쉬예 씨	전자학과
科学技术系	kēxuéjìshùxì	커 쉬예 찌 슈 씨	과학기술학과
化学系	huàxuéxì	화 쉬예 씨	화학과
生物学系	shēngwùxuéxì	성 우 쉬예 씨	생물학과
地质学系	dìzhìxuéxì	띠 즈 쉬예 씨	지질학과
地理学系	dìlǐxuéxì	띠 리 쉬예 씨	지리학과
心理学系	xīnlǐxuéxì	씬 리 쉬예 씨	심리학과
中国语言文学系	zhōngguóyǔ yánwénxuéxì	쥬 꾸워 위 이엔 우언 쉬예 씨	중국어 문학과
历史学系	lìshǐxuéxì	리 스 쉬예 씨	역사학과
考古学系	kǎogǔxuéxì	카오 꾸 쉬예 씨	고고학과

학생을 만날 때

哲学系	zhéxuéxì	져 쉬예 씨	철학과
国际政治学系	guójìzhèngzhì xuéxì	꾸워 찌 졍 즈 쉬예 씨	국제정치학과
政治学系	zhèngzhìxué xì	졍 즈 쉬예 씨	정치학과
行政管理系	xíngzhèng guǎnlǐxì	씽 졍 꾸안 리 씨	행정관리학과
经济学系	jīngjìxuéxì	찡 찌 쉬예 씨	경제학과
国际经济系	guójìjīngjìxì	꾸워 찌 찡 찌 씨	국제경제과
经济管理系	jīngjìguǎnlǐxì	찡 찌 꾸안 리 씨	경제관리과
法律学系	fǎlǜxuéxì	파 뤼 쉬예 씨	법률학과
图书馆学系	túshūguǎnxuéxì	투 슈 꾸안 쉬예 씨	도서관학과
情报学系	qíngbàoxuéxì	칭 빠오 쉬예 씨	정보학과
社会学系	shèhuìxuéxì	셔 후에이 쉬예 씨	사회학과
东方语言系	dōngfāngyǔyánxì	뚱 팡 위 이엔 씨	동양언어과
文学系	wénxuéxì	우언 쉬예 씨	문학과

가족 상황을 물을 때

중국도 지금은 핵가족이 많습니다. 산아제한으로 인하여 자녀는 거의 한 명만 두고 있습니다.

당신 결혼하셨습니까?

你 结 婚 了 吗?
Nǐ jié hūn le ma?
니 지예 후언 러 마

벌써 결혼했습니다.

已 经 成 家 了。
Yǐ jīng chéng jiā le.
이 찡 츠엉 지야 러

아이는 몇 명입니까?

有 几 个 孩 子?
Yǒu jǐ ge hái zi?
여우 지 꺼 하이 즈

남자(여자)아이 하나입니다.

有 一 个 男 (女) 孩 子。
Yǒu yí ge nán (nǚ) hái zi.
여우 이 꺼 난 뉘 하이 즈

가족 상황을 물을 때

老家	라오 지야	고향
妻子	치 즈	부인
老大	라오 따	첫째
兄弟姐妹	슝 띠 지예 메이	형제자매

아이는 몇 살입니까?

孩 子 几 岁?
Hái zi jǐ suì?
하이 즈 지 수에이

일곱살 되었습니다.

七 岁 了。
Qī suì le.
치 수에이 러

그럼, 가족이 세 명입니까?

那 么, 你 家 里 只 有 三 口 人 吗?
Nà me, nǐ jiā li zhǐ yǒu sān kǒu rén ma?
나 머 니 지야 리 즈 여우 쓰안 커우 런 마

아닙니다. 부모님이 계시죠. 모두 다섯 명입니다.

不！还 有 父 母 亲。一 共 五 口 人。
Bù! Hái yǒu fù mǔ qin. Yí gòng wǔ kǒu rén.
뿌 하이 여우 푸 무 친 이 꿍 우 커우 런

취미를 묻고자 할 때

물질문명이 풍요로울수록 더욱 정신적, 정서적인 취미를 갖고자 합니다. 낙천적인 취미 생활을 즐깁니다.

당신 취미가 무엇입니까?

您 的 爱 好 是 什 么?
Nín de ài hào shì shén me?
닌 더 아이 하오 스 션 머

제 취미는 매우 많습니다.

我 的 嗜 好 很 多。
Wǒ de shì hào hěn duō.
워 더 스 하오 헌 뚜워

예를 들면, 운동을 하거나, 음악을 듣고 책보기

比 方 说, 做 运 动, 听 音 乐, 看 书
Bǐ fāng shuō, zuò yùn dòng, tīng yīn yuè, kàn shū
비 팡 슈워 즈워 윈 뚱 팅 인 위예 칸 슈

등등 저는 다 좋아합니다. 당신은요?

等 等 我 都 喜 欢。 你 呢?
děng deng wǒ dōu xǐ huān. Nǐ ne?
떵 떵 워 또우 시 환 니 너

兴趣	씽 취	취미, 흥미
乐观	러 꾸안	낙천적
外向	와이 시양	외향적
性格	씽 거	성격

저는 그림 그리는 것을 좋아합니다.

我 喜 欢 画 画儿。
Wǒ xǐ huān huà huàr.
워 시 환 화 화얼

무슨 그림을 그립니까?

画 什 么 画儿?
Huà shén me huàr?
화 션 머 화얼

산수화.

山 水 画。
Shānshuǐ huà.
산 슈에이 화

저에게 한 장 그려주시겠습니까?

画 一 张 给 我 好 吗?
Huà yì zhāng gěi wǒ hǎo ma?
화 이 즈앙 게이 워 하오 마

취 미

采访古迹地	cǎi fǎng gǔ jì dì	차이 팡 꾸 찌 띠	고적지 탐방
下围棋	xià wéi qí	샤 웨이 치	바둑두기
下象棋	xià xiàng qí	샤 샹 치	장기두기
照像	zhào xiàng	즈아오 샹	사진 찍기
摄影	shè yǐng	셔 잉	촬영
写作	xiě zuò	시예 즈워	글쓰기
雕刻	diāo kè	띠야오 커	조각
弹琴	tán qín	탄 친	연주하기
吹口琴	chuī kǒu qín	츄에이 커우 친	하모니카 불기
踢足球	tī zǔ qiú	티 주 치유	축구하기
打蓝球	dǎ lán qiú	따 란 치유	농구하기
打排球	dǎ pái qiú	따 파이 치유	배구하기
打网球	dǎ wǎng qiú	따 왕 치유	테니스치기
打乒乓球	dǎ pīng pāng qiú	따 핑 팡 치유	탁구치기
打棒球	dǎ bàng qiú	따 빵 치유	야구하기
游泳	yóu yǒng	여우 융	수영
打拳	dǎ quán	따 취엔	권투
打羽毛球	dǎ yǔ máo qiú	따 위 마오 치유	배드민턴치기

취미를 묻고자 할 때

打牌	dǎ pái	따 파이	포커하기
旅游	lǚ yóu	뤼 여우	여행
写书法	xiě shū fǎ	쉬예 슈 파	서예
集邮	jí yóu	지 여우	우표 수집
种花	zhòng huā	쭝 화	꽃심기
养动物	yǎng dòng wù	양 뚱 우	동물 기르기
养兰	yǎng lán	양 란	난 키우기
滑雪	huá xuě	화 쉬예	스키
划船	huá chuán	화 추안	카누
滑冰	huá bīng	화 빙	스케이트 타기
钓鱼	diào yú	띠야오 위	낚시
爬山	pá shān	파 샨	등산

헤어질 때

중국인에게 헤어질 때도 만날 때처럼 정중하게 합시다. 따라서 헤어질 때 사용하는 말도 다양합니다.

여러날 동안 보살펴 주셔서 감사합니다.

谢 谢 你 这 么 多 天 的 照 顾。
Xiè xiè nǐ zhè me duō tiān de zhào gù.
시예 시예 니 즈어 머 뚜워 티엔 더 즈아오 꾸

정말 폐를 많이 끼쳤습니다.

真 是 给 你 添 了 很 多 麻 烦。
Zhēn shì gěi nǐ tiān le hěn duō má fan.
전 스 게이 니 티엔 러 헌 뚜워 마 판

모레 귀국하려고 합니다.

我 后 天 就 要 回 国 了。
Wǒ hòu tiān jiù yào huí guó le.
워 허우 티엔 지여우 야오 후에이 꾸워 러

이것은 조금만 성의니 받아 주십시오.

这 是 一 点 小 意 思 请 收 下。
Zhè shì yì diǎn xiǎo yì sī qǐng shōu xià.
즈어 스 이 디엔 샤오 이 스 칭 셔우 샤

헤어질 때

告别	까오 비예	작별
愉快	위 콰이	유쾌하다
度过	뚜 꾸워	지내다
舍不得	셔 뿌 더	차마 ~ 못하다

너무 예를 차리시는군요!

你 太 客 气 了!
Nǐ tài kè qì le!
니 타이 커 치 러

예를 차리는 것이 아니고, 조그만 성의를 표시하고자 합니다.

我 不 是 客 气, 是 表 示 一 点 心 意。
Wǒ bú shì kè qì, shì biǎo shì yì diǎn xīn yì.
워 부 스 커 치 스 비야오 스 이 디엔 씬 이

왜 며칠 더 묵지 않으십니까?

为 什 么 不 多 住 几 天?
Wèi shén me bù duō zhù jǐ tiān?
우에이 션 머 뿌 뚜워 쥬 지 티엔

처리해야 할 일이 있기 때문입니다.

因 为 有 事 要 办。
Yīn wèi yǒu shì yào bàn.
인 우에이 여우 스 야오 빤

离开	리 카이	떠나다
出发	츄 파	출발
过得很快	꾸워 더 헌 콰이	빨리 지나가다
忘不了	왕 뿌 라오	잊을 수 없다

몇 시편 비행기입니까? 제가 배웅해드리겠습니다.

几 点 班 机? 我 要 送 你。
Jǐ diǎn bān jī? Wǒ yào sòng nǐ.
지 디엔 빤 지 워 야오 쏭 니

예를 차리지 마십시오.

不 要 客 气 了。
Bú yào kè qì le.
부 야오 커 치 러

시간이 나면 한국에 오십시오.

有 时 间 请 来 韩 国。
Yǒu shí jiān qǐng lái Hán guó.
여우 스 지엔 칭 라이 한 꾸워

당신이 중국에 다시 올 수 있기를 희망합니다.

也 希 望 你 再 来 中 国。
Yě xī wàng nǐ zài lái Zhōng guó.
예 시 왕 니 쯔아이 라이 쯍 꾸워

헤어질 때

招待	즈아오 따이	대접
周到	즈어우 따오	완벽하다
相信	시양 씬	믿는다
通信	통 씬	통신

반드시 그럴 겁니다.

一 定 会 的。
Yí dìng huì de.
이 띵 후에이 더

저희들에게 편지 하시는 것 잊지 마십시오.

不 要 忘 记 给 我 们 来 信。
Bú yào wàng jì gěi wǒ men lái xìn.
부 야오 왕 지 게이 워 먼 라이 씬

잊지 않을 겁니다. 멀리 나오지 마십시오.

不 会 忘 记 的。不 要 远 送 了。
Bú huì wàng jì de. Bú yào yuǎn sòng le.
부 후에이 왕 지 더 부 야오 위안 쏭 러

안녕히 계십시오. 다음번에 또 뵙겠습니다.

再 见！下 次 再 见。
Zài jiàn! Xià cì zài jiàn.
즈아이 지엔 샤 츠 즈아이 지엔

식사

주의사항

식당 예약

식당에서(Ⅰ, Ⅱ)

식사 약속을 하다(Ⅰ, Ⅱ)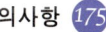

주의사항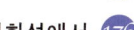

연회석에서

메뉴 보는 법

요리이름 191

주의사항

▶ **도시와 지방의 레스토랑 사정**

비록 세계 제일의 음식문화라는 명칭을 지닌 나라이지만 도시와 지방의 음식문화 및 시설은 큰 차이가 있습니다. 큰 도시에선 모든 것이 갖추어져 있지만 지방으로 갈수록 사정이 나빠집니다. 즉 시골일수록 식사의 선택 폭이 좁아진다는 뜻입니다.

▶ **식사 제공 시간이 정해져 있습니다.**

영업시간은 대부분 아침에는 대개 7시 반경부터 9시경까지, 점심은 11시 반 정도부터 1시경까지, 저녁식사는 6시 전후부터 늦게는 8시경까지 입니다. 하루 종일 영업하는 식당도 있지만 드뭅니다. 호텔에서도 식사 제공 시간을 꼭 확인해 두십시오.

▶ **주문 방법은 두 가지입니다.**

주문하는 방법으로 하나는 자리에 앉으면 종업원이 주문을 받으러 옵니다. 다른 하나는 미리 식권을 사는 방법입니다. 어느 방법으로 주문하든 관계없이 우선 칠판이나 메뉴판에서 자기가 주문할 것을 정해서 종이에 적어 종업원에게 보여 주거나 가리켜서 식권을 삽니다.

식권을 사서 종업원에게 줘도 되고 요리를 진열해 놓은 창구로 가서 식권을 내고 요리와 교환합니다. 혹은 번호를 받은 후 자기 번호를 부르면 직접 가지러 갑니다.

▶ **한 끼 요금**
호텔은 80원(元)정도. 일반 레스토랑은 20~30원,
지방도시호텔 10~15원, 시내 식당 3~8원,
시골도시 호텔 4~10원, 시내 식당 2~6원

▶ **点心**(디엔 썬) : 노상에서 사먹는 가벼운 음식.
가지수도 많고 값도 싸며 먹기 쉬운 음식으로 여행자에게 편리한 음식입니다. 원래는 광동요리의 한 가지 입니다.
馒头(만터우) : 황하 이북 사람들이 주식으로 삼는 빵입니다. 찐빵인데 속이 없습니다.
包子(빠오 쯔) : 한국에서는 '고기만두'라고 부릅니다. 만두속의 종류에 따라 이름을 부칩니다. 크기도 다릅니다. 상해의 **小龙包**가 유명합니다. 지역에 따라 특색이 있습니다.

▶ **중국인의 아침식사**

주로 油条(여우 티야오)를 豆浆(떠우 지양)에 담가서 먹거나 죽을 먹습니다. 중국에는 국수 종류가 많습니다. 그러나 한국에서 먹는 국수와는 다릅니다. 물론 맛도 다르지만 먹을 만 합니다. 가격은 아주 싼 1~2원입니다.

▶ **차문화**
차를 좋아하면 차잎을 휴대하고 다닙시오. 식당에서 더운 물을 달라고 해서 차잎을 넣어 마시도록 하십시오. 커피를 즐기는 분은 커피를 휴대하는 것이 편합니다. 중국 커피는 좋지도 않을 뿐만 아니라 시골에는 커피가 없습니다.

메뉴 보는 법

▶ **중국의 4대 요리**

북경요리 : 기후 영향 때문에 기름이 많이 들어간 칼로리가 높은 음식이 비교적 많습니다. 맛은 남쪽 음식보다 담백하지는 않습니다. 밀가루 생산이 많아서 면, 빵, 만두 등의 분식이 많습니다. 북경요리를 대표하는 것은 세계적으로 유명한 오리고기 요리인 **北京烤鸭**(베이 징 카오 야:오리구기)입니다. **火锅**(후워 꾸워:전골)도 먹을만 합니다.

광동요리 : 중국요리중에서도 가장 유명합니다. 누구나 즐길 수 있는 음식으로는 **青椒牛肉丝**(칭 지야오 니여우 러우 쓰:쇠고기 고추 볶음)가 있습니다. 이밖에 생선요리는 모두 먹을만 합니다.

상해요리 : 게요리를 좋아하시는 분은 9월 말경부터 1월 중순까지 상해를 찾으시면 맛볼 수 있습니다. 세계의 식도락가들 사이에 널리 알려져 있습니다. 이밖에 **醉鸡**(즈우에이 찌:술로 맛을 낸 닭고기 요리), **铁板鱼**(티예 반 위:생선 철판구이)도 맛있습니다.

사천요리 : 독특한 매운 맛 때문에 한국 관광객들이 많이 찾습니다. 한국에서 자주 드시는 마파두부가 바로 사천요리입니다. 이번에 가시면 사천요리 중 **棒棒鸡**(빵빵찌)를 한번 드셔보세요. 닭고기를 드실 수 있는 분은 좋아하실 겁니다.

메뉴 읽는 법

요리 이름은 재료, 자르는 방법, 조리법 등의 조합어입니다.

▶ **조리법 용어**

拌(빤):무침 炒(츠아오):볶음
炸(즈아):튀기다 蒸(즈엉):찌다
煨(우에이):끓이다 烤(카오):굽다
腌(이엔):절이다 汤(탕):국물
溜(리여우):오향(五香)을 넣은 소금물이나 간장으로
         볶다

▶ **예**

拌海蜇(빤 하이 져):해파리 무침
조리법과 재료명으로 조합된 요리 이름

青椒牛肉丝(칭 지야오 니여우 러우 쓰):쇠고기 고추볶음
두 종류의 재료명과 자르는 방법으로 조합된 요리 이름
青椒:피망 및 푸른 고추   牛肉丝:쇠고기 채 쓴 것

芙蓉蟹(푸 롱 시예):게와 야채를 넣은 달걀부침
완성된 모양이 부용꽃같다는 요리 이름
완성된 요리의 모양과 재료를 조합한 것

糖醋鱼(탕 츠우 위):탕수어
설탕과 식초로 소스를 만든 후 튀긴 생선 위에 올려 놓은
것, 탕수육을 생각하시면 됩니다.
양념과 재료명이 조합된 것

이밖에 인명과 지명이 들어간 요리명도 있습니다.

주의사항

식당 예약

일류 식당에서 식사할 예정이라면 미리 예약해 두는 것이 즐거운 식사의 첫걸음입니다.

좌석을 예약하고 싶습니다.

我 想 预 先 订 坐儿。
Wǒ xiǎng yù xiān dìng zuòr.
워 시양 위 시엔 띵 주얼

감사합니다. 언제로 예약하시겠습니까? 몇 분이죠?

谢 谢! 订 哪 天 的? 几 位?
Xiè xie! Dìng nǎ tiān de? Jǐ wèi?
시예 시예 띵 나 티엔 더 지 우에이

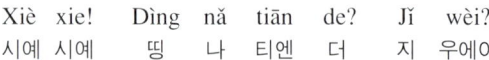

22일 저녁 6시에서 9시까지입니다.

二 十 二 号 晚 上 六 点 到 九 点。
Èr shí èr hào wǎn shang liù diǎn dào jiǔ diǎn.
얼 스 얼 하오 완 스앙 리유 디엔 따오 지여우 디엔

다섯 분 좌석입니다.

五 位 客 人 的 坐 位。
Wǔ wèi kè rén de zuò wèi.
우 우에이 커 런 더 즈워 우에이

식당에서 (I, II)

한국에서 익힌 한문으로 중국 메뉴를 보기는 힘듭니다. 뜻이 다른 점도 있지만 간체자를 사용하기 때문에 익혀두셔야 합니다.

(I)

어서오십시오. 예약하셨습니까?

谢 谢 光 临, 请 进! 有 预 约 吗?
Xiè xie guāng lín, qǐng jìn! Yǒu yù yuē ma?
시예 시예 꽝 린 칭 찐 여우 위 위예 마

네. 제가 그저께 좌석을 예약했습니다.

有。 我 是 前 天 订 坐 儿 的。
Yǒu. Wǒ shì qián tiān dìng zuòr de.
여우 워 스 치엔 티엔 띵 주얼 더

성함이 어떻게 됩니까?

请 问 贵 姓?
Qǐng wèn guì xìng?
칭 우언 꾸에이 씽

박중철입니다.

朴 重 哲。
Piáo zhòng zhé.
피야오 쭝 즈어

餐厅	츠안 팅	식당
饭馆儿	판 꽐	식당
小吃店	샤오 츠 디엔	식당(가볍게 음식을 먹는 곳)
食堂	스 탕	식당

잠깐만 기다려주십시오. 죄송합니다.

请 稍 候。抱 歉。
Qǐng shāo hòu. Bào qiàn.
칭 스아오 허우 빠오 치엔

박선생님, 당신은 그저께 다섯 명의 좌석을 예약하셨습니다.

朴先生,您是前天订了五位的坐位。
Piáoxiānshēng, nín shì qián tiān dìng le wǔ wèi de zuò wèi.
피야오 시엔 성 닌 스 치엔 티엔 띵 러 우 우에이 더 즈워 우에이

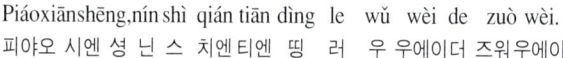

맞습니다. 그런데 지금은 여섯 명인데요.

对!不过我们现在是六位。
Duì! Bú guò wǒ men xiàn zài shì liù wèi.
뚜에이 부 꾸워 워 먼 시엔 즈아이 스 리유 우에이

관계없습니다. 이 분을 따라가십시오.

没问题!请跟这位去。
Méi wèn tí! Qǐng gēn zhè wèi qù.
메이 우언 티 칭 껀 즈어 우에이 취

早饭	즈아오 판	아침밥
中饭	쯩 판	점심밥
晚饭	완 판	저녁밥
宵夜	샤오 이예	밤참

(II)

몇 분입니까?

几 位?
Jǐ wèi?
지 우에이

세 분입니다. 저를 따라 오십시오.

三 位。 请 跟 我 来。
Sān wèi. Qǐng gēn wǒ lái.
쓰안 우에이 칭 껀 워 라이

저쪽 창가쪽으로 앉아도 됩니까?

我 们 可 以 坐 那 边 窗 口 吗?
Wǒ men kě yǐ zuò nà biān chuāng kǒu ma?
워 먼 커 이 즈워 나 비엔 추앙 커우 마

됩니다. 이쪽으로 앉으십시오.

可 以。 请 这 边 坐。
Kě yǐ. Qǐng zhè biān zuò.
커 이 칭 즈어 비엔 즈워

식당에서(Ⅰ,Ⅱ)

肚子	뚜 즈	배
饿	어	배 고프다
好吃	하오 츠	맛있다 (음식)
好喝	하오 흐어	맛있다 (물종류)

이것은 메뉴입니다. 먼저 좀 보십시오.

这 是 菜 单, 先 看 一 下。
Zhè shì cài dān, xiān kàn yí xià.
즈어 스 츠아이 딴 시엔 칸 이 샤

잠시 후에 다시 오겠습니다.

我 等 一 下 再 来。
Wǒ děng yí xià zài lái.
워 떵 이 샤 즈아이 라이

뭘 드시겠습니까?

你 想 吃 什 么?
Nǐ xiǎng chī shén me?
니 시양 츠 션 머

저는 요리를 주문할 줄 모르고 무엇이 맛있는지도 모르겠습니다.

我 不 会 点 菜, 也 不 知 道 什 么 好 吃。
Wǒ bú huì diǎn cài, yě bù zhī dào shén me hǎo chī.
워 부 후에이디엔 츠아이 예 뿌 즈 따오 션 머 하오 츠

售完	셔우 완	매진
关门	꾸안 먼	문 닫다
服务	푸 우	서비스
算帐	쑤안 즈앙	계산하다

당신 마음대로 주문하세요. 그런데 저는 생선을 좋아합니다.

你 随 便 点 吧! 不 过 我 喜 欢 吃 鱼。
Nǐ suí biàn diǎn ba! Bú guò wǒ xǐ huān chī yú.
니 수에이비엔디엔 바   부 꾸워 워 시 환 츠 위

돼지고기는 안 먹습니다.

不 吃 猪 肉。
Bù chī zhū ròu.
뿌 츠 쥬 러우

저는 매운 것을 먹고 싶은데, 매운 것 드실 수 있습니까?

我 想 吃 辣 的, 你 能 吃 辣 的 吗?
Wǒ xiǎng chī là de, nǐ néng chī là de ma?
워 시양 츠 라 더 니 넝 츠 라 더 마

제가 한국 사람인데 당연히 먹을 수 있죠.

我 是 韩 国 人 当 然 能 吃。
Wǒ shì Hán guó rén dāng rán néng chī.
워 스 한 꾸워 런 땅 란 넝 츠

식당에서(I, II)

五香	우 시양	오향
油膩	여우 니	기름지다
清淡	칭 딴	담백하다
海鮮	하이 시엔	해물

그럼, 사천요리로 먹도록 합시다.

那, 我 们 吃 四 川 菜 吧!
Nà, wǒ men chī Sì chuān cài ba!
나 워 먼 츠 쓰 추안 츠아이 바

무슨 요리를 주문하시겠습니까?

你 们 要 点 什 么 菜?
Nǐ men yào diǎn shén me cài?
니 먼 야오 디엔 션 머 츠아이

저희들은 쇠고기찜으로 하겠습니다.

我 们 要 一 个 粉 蒸 牛 肉。
Wǒ men yào yí ge fěn zhēng niú ròu.
워 먼 야오 이 꺼 펀 즈엉 니여우 러우

마파두부, 빵 5개, 물만두 20개.

麻 婆 豆 腐, 五 个 馒 头, 二 十 个 饺 子。
Má pó dòu fu, wǔ ge mán tóu, èr shí ge jiǎo zi.
마 포 떠우 푸 우 꺼 만 터우 얼 스 꺼 지야오즈

甜	티엔	달다
咸	시엔	짜다
酸	스우안	시다
腥	씽	비리다

요리 나왔습니다. 천천히 드십시오.

菜 来 了。请 慢 用。
Cài lái le. Qǐng màn yòng.
츠아이라이 러 칭 만 융

맛이 어떻습니까?

味 道 怎 么 样?
Wèi dào zěn me yàng?
우에이따오 전 머 양

괜찮은데요.

不 错。
Bú cuò.
부 츠워

술 한 병 하시겠습니까?

来 一 瓶 酒 好 吗?
Lái yì píng jiǔ hǎo ma?
라이 이 핑 지여우 하오 마

合胃口	흐어 우에이 커우	입맛에 맞다
中餐	쭝 츠안	중국요리
西餐	씨 츠안	서양요리
日本餐	르 번 츠안	일본요리

당신 뜻대로 (당신 편안대로 하십시오)

随 你 意。
Suí nǐ yì.
수에이 니 이

소흥주 한 병 갖다주세요.

喂! 来 一 瓶 绍 兴 酒。
Wéi! Lái yì píng Shào xīng jiǔ.
우에이 라이 이 핑 샤오 씽 지여우

술 갖고 왔습니다. 제가 한 잔 따라 드리겠습니다.

酒 来 了。我 敬 你 一 杯。
Jiǔ lái le. Wǒ jìng nǐ yì bēi.
지여우 라이 러 워 찡 니 이 베이

주량이 약해서 한 잔 밖에 못마십니다.

我 的 酒 量 不 大, 只 能 喝 一 杯。
Wǒ de jiǔ liàng bú dà, zhǐ néng hē yì bēi.
워 더 지여우 리양 부 따 즈 넝 흐어 이 베이

酒吧	지여우 바	바(Bar)
咖啡厅	카 페이 팅	커피숍
茶叶	츠아 이예	차잎
泡茶	파오 츠아	차에 끓인 물을 붓다

조금 더 마시세요.

你 多 喝 一 点儿。
Nǐ　duō　hē　yì　diǎnr.
니　뚜워　흐어　이　디얼

자! 자! 건배합시다.

来! 来! 干 杯。
Lái!　Lái!　Gān bēi.
라이　라이　깐 베이

취하지 않도록 조심하세요.

小 心 别 喝 醉 了。
Xiǎo xīn　bié　hē　zuì　le.
샤오 씬　비예　흐어　즈우에이 러

저는 좀처럼 취하지 않습니다.

我 是 喝 不 醉 的。
Wǒ　shì　hē　bú　zuì　de.
워　스　흐어　부　즈우에이　더

식당에서(I, II)

倒茶	따오 츠아	차를 따르다(붓다)
满意	만 이	마음에 들다
结帐	지예 즈앙	계산하다
帐单	즈앙 딴	계산서

한 병 더 하는 것이 어떻습니까?

再 来 一 瓶 好 不 好?
Zài lái yì píng hǎo bù hǎo?
즈아이라이 이 핑 하오 뿌 하오

아닙니다. 더 이상 못마시겠습니다.

不! 我 不 能 再 喝 了。
Bù! Wǒ bù néng zài hē le.
뿌 워 뿌 넝 즈아이 흐어 러

오늘 아주 유쾌하게 먹었습니다.

今 天 吃 得 好 痛 快。
Jīn tiān chī de hǎo tòng kuài.
찐 티엔 츠 더 하오 통 콰이

훌륭한 대접에 감사드립니다. 기회가 있을 때 꼭 대접하겠습니다.

谢 谢 你 的 款 待。有 机 会 我 要 回 请 你。
Xiè xie nǐ de kuǎn dài. Yǒu jī huì wǒ yào huí qǐng nǐ.
시예 시예 니 더 쿠안 따이 여우 지 후에이 워 야오 후에이 칭 니

식사 약속을 하다(1)

중국인은 아주 친하게 생각하는 친구를 집으로 초청하는 것이 습관이자 예절입니다.

내일 저녁에 시간 있습니까?

明 天 晚 上 有 时 间 吗?
Míng tiān wǎn shàng yǒu shí jiān ma?
밍 티엔 완 스앙 여우 스 지엔 마

하실 이야기가 있습니까?

有 话 要 谈 吗?
Yǒu huà yào tán ma?
여우 화 야오 탄 마

저희 집으로 당신을 초대해 식사나 할까 합니다.

我 想 请 你 去 我 们 家 吃 饭。
Wǒ xiǎn qǐng nǐ qù wǒ men jiā chī fàn.
워 시양 칭 니 취 워 먼 지야 츠 판

당신께서 한턱 내신다구요?

(정면으로 이야기 할 때는 의문사를 생략하고 말 끝을 약간 올리면 됨.)

你 要 请 客?
Nǐ yào qǐng kè?
니 야오 칭 커

怠慢了	따이 만 러	대접이 소홀했습니다
我请你	워 칭 니	제가 당신을 초대합니다
不算好	부 쑤안 하오	좋은 편은 아니다
味道	웨이 따오	맛

한턱 낸다고는 할 수 없고,

算 不 上 请 客,
Suàn bú shàng qǐng kè,
쑤안 부 스앙 칭 커

다만 평소 집에서 먹는 식사일 뿐입니다.

只 是 吃 个 家 常 便 饭。
zhǐ shì chī ge jiā cháng biàn fàn.
즈 스 츠 꺼 지야 츠앙 비엔 판

말씀대로 따르겠습니다. 좋습니다. 몇 시요?

恭 敬 不 如 从 命! 好 吧。 几 点?
Gōng jìng bù rú cóng mìng! Hǎo ba. Jǐ diǎn?
꿍 찡 뿌 루 총 밍 하오 바 지 디엔

내일 오후 6시에 제가 당신이 계신 호텔로 모시러 가겠습니다.

明 天 下 午 六 点 我 去 你 饭 店 接 你。
Míngtiān xià wǔ liù diǎn wǒ qù nǐ fàn diàn jiē nǐ.
밍 티엔 샤 우 리유 디엔 워 취 니 판 디엔 지예 니

香	시양	향기롭다
品尝	핀 츠앙	맛보다
烧菜	스아오 츠아이	요리를 만들다
手艺	셔우 이	솜씨

이 요리는 무슨 요리입니까?

这 个 菜 是 什 么 菜?
Zhè ge cài shì shén me cài?
즈어 꺼 츠아이 스 션 머 츠아이

어떻게 만든 거죠?

是 怎 么 做 的?
Shì zěn me zuò de?
스 전 머 즈워 더

모두 당신 혼자서 만든 것입니까?

都 是 您 一 个 人 做 的 吗?
Dōu shì nín yí ge rén zuò de ma?
또우 스 닌 이 꺼 런 즈워 더 마

당신이 만든 요리가 너무 맛있습니다.

你 做 菜 做 得 太 好 吃 了。
Nǐ zuò cài zuò de tài hǎo chī le.
니 즈워 츠아이 즈워 더 타이 하오 츠 러

식사 약속을 하다(1)

请多吃	칭 뚜워 츠	많이 드십시오
吃多了	츠 뚜워 러	많이 먹었습니다
吃饱了	츠 빠오 러	배부르게 먹었습니다
菜谱	차이 푸	요리책, 식단

예의 차리지 마십시오.

你 别 客 气 了!
Nǐ bié kè qi le!
니 비예 커 치 러

제가 예를 차리는 것이 아니고 사실을 말한 겁니다.

我 不 是 客 气 , 是 实 话 实 说。
Wǒ bú shì kè qi, shì shí huà shí shuō.
워 부 스 커 치 스 스 화 스 슈워

정말로 너무 푸짐했습니다.

实 在 是 太 丰 富 了。
Shí zài shì tài fēng fù le.
스 즈아이 스 타이 펑 푸 러

저는 정말 식복이 있습니다. 조금 더 먹어야겠습니다.

我 真 有 口 福。我 要 多 吃 点儿 了。
Wǒ zhēn yǒu kǒu fú. Wǒ yào duō chī diǎnr le.
워 전 여우 커우 푸 워 야오 뚜워 츠 디얼 러

식사 약속을 하다(II)

중국인은 식사 대접을 받았으면 반드시 '回请' 다시 대접하는 예절이 있습니다.

지난번에 한턱 내시느라 돈을 많이 쓰게 해서 정말 죄송스럽습니다.

上次你请客,让你破费真不好意思。

Shàng cì nǐ qǐng kè, ràng nǐ pò fèi zhēn bù hǎo yì si.

스앙 츠니 칭 커 랑 니 포 페이 전 뿌 하오 이 쓰

작은 성의이니까, 마음에 두지 마십시오.

小意思,不要放在心里。

Xiǎo yì si, bú yào fàng zài xīn li.

샤오 이 쓰 부 야오 팡 즈아이 씬 리

제가 식사 대접을 하고 싶은데

我想回请你不知道你

Wǒ xiǎng huí qǐng nǐ bù zhī dào nǐ

워 시양 후에이 칭 니 뿌 즈 따오 니

언제 시간이 나십니까?

什么时候有时间?

shén me shí hòu yǒu shí jiān?

션 머 스 허우 여우 스 지엔

拿手的	나 셔우 더	제일 잘하는 것
菜凉了	츠아이 리양 러	요리가 식었습니다
趁热吃	츠언 르어 츠	뜨거울 때 드세요
上菜	스앙 츠아이	요리를 내오다

천만의 말씀입니다. 제가 한국에 가면

不 敢 当! 等 我 去 韩 国
Bù gǎn dāng! Děng wǒ qù Hán guó
뿌 깐 땅 떵 워 취 한 꾸워

당신이 다시 초대해도 늦지 않습니다.

你 再 请 也 不 晚 哪。
nǐ zài qǐng yě bù wǎn na.
니 즈아이 칭 예 뿌 완 나

그것도 괜찮군요, 그럼 약속하신 겁니다.

也 好, 那 就 一 言 为 定。
Yě hǎo, nà jiù yì yán wéi dìng.
예 하오 나 지여우 이 이엔 우에이 띵

저에게 본토 사람으로서의 성의를 다할 수 있도록 하셔야 합니다.

你 一 定 要 让 我 尽 一 点 地 主 之 谊。
Nǐ yí dìng yào ràng wǒ jìn yì diǎn dì zhǔ zhī yì.
니 이 띵 야오 랑 워 찐 이 디엔 띠 쥬 즈 이

주의사항

▶ 건배할 때는 잔을 약간 들고 잔을 입에 가져 갑니다. 연회 중에도 몇 번이나 건배를 하자고 서로 권합니다.

▶ 이때 술잔을 다 비우지 않으셔도 됩니다. 취하지 않도록 조심하셔야 합니다.

▶ 자작은 삼가하십시오. 실례가 됩니다.

▶ 식사중에 담배를 피우지 마십시오. 식사 후에 자리를 옮겨서 피우도록 하십시오.

▶ 중국인은 술자리에서도 자제력을 발휘하여 취해서 흐트러진 모습을 보이지 않습니다.

연회석에서

마오타이주는 백주의 일종으로 한국에선 '빼갈'이라고 합니다. 알콜도수가 60도나 됩니다. 알콜도수를 생각하고 마십시오.

오신 것을 환영합니다.

欢 迎 光 临！
Huān yíng guāng lín!
환 잉 꽝 린

초대해 주셔서 감사합니다.

谢 谢 您 的 邀 请。
Xiè xie nín de yāo qǐng.
시예 시예 닌 더 야오 칭

상석으로 앉으십시오.

请 上 座。
Qǐng shàng zuò.
칭 스앙 즈워

요리가 나왔습니다. 먼저 우리들의 친선을 위해서 건배합시다.

上 菜 了, 首 先 为 我 们 友 好 干 杯！
Shàng cài le, shǒu xiān wèi wǒ men yǒu hǎo gān bēi!
스앙 츠아이 러 셔우 시엔 우에이 워 먼 여우 하오 깐 베이

礼品	리 핀	선물
开~会	카이 ~ 후에이	~ 회를 열다
答谢	다 시예	답례
酒足饭饱	지여우 주 판 빠오	잘 먹었습니다

제가 당신께 소개해 드리겠습니다.

我 来 给 你 引 见。
Wǒ lái gěi nǐ yǐn jiàn.
워 라이 게이 니 인 지엔

이 분은 왕 회장님이십니다.

这 位 是 王 董 事 长。
Zhè wèi shì Wáng dǒng shì zhǎng.
즈어 우에이 스 왕 똥 스 즈앙

왕 회장님, 만나뵙게 되어 행운입니다.

王 董 事 长 , 幸 会! 幸 会!
Wáng dǒng shì zhǎng, xìng huì! Xìng huì!
왕 똥 스 즈앙 씽 후에이 씽 후에이

제가 한 잔 올리겠습니다.

我 敬 您 一 杯。
Wǒ jìng nín yì bēi.
워 찡 닌 이 베이

연회석에서

宴会	이엔 후에이	연회
欢迎会	환 잉 후에이	환송회
欢送会	환 쏭 후에이	송별회
联欢会	리엔 환 후에이	친목회

요리 많이 드십시오. 자, 자, 요리를 집으세요.

请 多 吃 菜。来, 来, 夹 菜。
Qǐng duō chī cài. Lái, lái, jiā cài.
칭 뚜워 츠 츠아이 라이 라이 지야 츠아이

네. 네. 제가 하죠.

好! 好! 我 自 己 来。
Hǎo! Hǎo! Wǒ zì jǐ lái.
하오 하오 워 즈 지 라이

소홀한 점이 있더라도

若 有 不 周 到 的 地 方
Ruò yǒu bù zhōu dào de dì fāng
루워 여우 뿌 져우 따오 더 띠 팡

많이 이해해 주십시오.

请 多 包 涵。
qǐng duō bāo hán.
칭 뚜워 빠오 한

메뉴 보는 법

1. 조리법

炒	chǎo	츠아오	기름으로 볶는 것
炸	zhá	즈아	기름에 튀기는 것
焖	mèn	먼	약한 불에 천천히 찐 것
烤	kǎo	카오	불에 굽는 것
煮	zhǔ	쥬	삶는 것
燻	xūn	쉰	훈제
煎	jiān	지엔	기름을 조금 넣고(전 등을) 부치는 것
蒸	zhēng	즈엉	찌는 것
拌	bàn	빤	고기, 야채 등을 무치는 것
炖	dùn	두언	약한 불에 장시간 푹 고다
扒	bā	빠	껍질을 벗기다
烩	huì	후에이	볶은 후에 소량의 물과 전분을 넣어서 만드는 것
卤	lǔ	루	오향을 넣은 소금물이나 간장을 사용하여 닭, 오리 따위를 통째로 삶는 것
煨	wēi	우에이	약한 불에 천천히 고다

메뉴 보는 법

炝	qiàng	치양	뜨거운 기름에 볶은 후 양념과 물을 넣고 삶다. 데쳐서 무치다
烹	pēng	펑	끓는 기름에 넣어 약간 볶은 다음 간장 따위의 조미료를 넣고 빨리 휘젓어 만드는 것
醉	zuì	즈우에이	술에 담근 음식
爆	bào	빠오	끓는 물(기름)에 살짝 데치다
炮	bāo	빠오	불을 아주 세게하고 재빨리 휘저어서 볶다
脆	cuì	츠우에이	(음식물이) 바삭바삭하다
焗	jú	쥐	찌다
熘	liū	리유	뜨거운 용기에 기름을 붓고 그 기름이 거의 뜨거워졌을 때 재료를 넣고 볶은 다음 녹말가루 갠 것을 부어 몇 차례 뒤집으며 다시 볶는 것

川	chuān	추안	끓는 물(국)에 살짝 데치는 것
熬	āo	아오	야채 따위를 오래 삶다
涮	shuàn	슈안	얇게 썬 고기를 끓는 물에 넣어 데친 후, 조미료를 찍어서 먹는 요리법
酿	niàng	니양	양조하다, 빚다
冻	dòng	똥	액체가 응결되어 반고체나 젤리 모양으로 된 것

拔丝	bā sī	바 쓰	파, 연뿌리, 사과 등에 뜨거운 엿, 꿀 설탕을 묻혀 만든 것

2. 조미료

酱	jiàng	지양	된장
酱油	jiàng yóu	지양 여우	간장
醋	cù	추	식초
盐	yán	이엔	소금
糖	táng	탕	설탕
胡椒粉	hú jiāo fěn	후 지야오 펀	후추가루
辣椒粉	là jiāo fěn	라 지야오 펀	고추가루
花椒	huā jiāo	화 지야오	산초
奶油	nǎi yóu	나이 여우	크림
芝麻酱	zhī má jiàng	즈 마 지양	깨양념장
豆腐乳	dòu fu rǔ	떠우 푸 루	(네모나게 잘게 썰어서)삭인 두부
芥末	jiè mo	지예 모	겨잣가루
辣油	là yóu	라 여우	고추기름
番茄酱	fān qié jiàng	판 치예 지양	토마토 케찹

메뉴 보는 법

3. 재료의 칼질 모양

丁	dīng	띵	깍뚝 썰기
片	piàn	피엔	얇게 자르다, 얇게 저미다
块	kuài	콰이	덩어리
丝	sī	쓰	채썰다
末	mò	모	가루, 분말
段	duàn	두안	토막
全	quán	취엔	통째로
包	bāo	빠오	빚다
丸	wán	완	둥글게 만든 것
卷	juǎn	쥐엔	둘둘 말다
泥	ní	니	진흙처럼 반고체 상태인 것

4. 재료의 이름

<육류>

猪肉	zhū ròu	쥬 러우	돼지고기
牛肉	niú ròu	니유 러우	쇠고기
鸡肉	jī ròu	찌 러우	닭고기
羊肉	yáng ròu	양 러우	양고기
腊肠	là cháng	라 츠앙	소세지

火腿	huǒ tuǐ	후워 투에이	햄
鸭肉	yā ròu	이야 러우	오리고기
叉烧	chā shāo	츠아 샤오	광동식 불고기
排骨	pái gǔ	파이 꾸	갈비
前腿	qián tuǐ	치엔 투에이	앞다리
后腿	hòu tuǐ	허우 투에이	뒷다리
肝	gān	깐	간
腰子	yāo zi	야오 즈	콩팥
羊腿	yáng tuǐ	양 투에이	양다리
烟肉	yān ròu	이엔 러우	베이컨
全鸡	quán jī	취엔 찌	통닭
鸡脯肉	jī pú ròu	찌 푸 러우	닭 가슴살
鸡蛋	jī dàn	찌 딴	계란
蛋白	dàn bái	딴 바이	알의 흰자위
鸭蛋	yā dàn	이야 딴	오리알
鸽子	gē zi	꺼 즈	비둘기
鸽蛋	gē dàn	꺼 딴	비둘기 알
鹌鹑	ān chún	안 추운	메추리

메뉴 보는 법

<어패류>

鱼	yú	위	생선
鲤	lǐ	리	잉어
螃蟹	páng xiè	팡 시예	게
海参, 海鼠	hǎi shēn, hǎi shǔ	하이 션, 하이 슈	해삼
黄花鱼	huáng huā yú	황 화 위	황조기
虾	xiā	시야	새우
海蜇	hǎi zhé	하이 져	해파리
鲫鱼	jì yú	지 위	붕어
大头鱼	dà tóu yú	따 터우 위	대구
比目鱼, 鲆鱼	bǐ mù yú, píng yú	비 무 위, 핑 위	넙치류
带鱼, 刀鱼	dài yú, dāo yú	따이 위, 따오 위	갈치
竹荚鱼	zhú jiā yú	쥬 지야 위	전갱이
青鱼	qīng yú	칭 위	고등어
乌贼, 墨鱼	wū zéi, mò yú	우 즈에이, 모 위	오징어
章鱼	zhāng yú	즈앙 위	문어
对虾, 明虾	duì xiā, míng xiā	뚜에이 시야, 밍 시야	왕새우

龙虾	lóng xiā	롱 시야	닭새우
虾仁	xiā rén	시야 런	껍질과 머리를 떼어낸 신선한 새우
虾米	xiā mǐ	시야 미	말려서 껍질과 머리를 제거한 새우
鲍鱼	bào yú	빠오 위	전복
干贝	gān bèi	깐 베이	말린 조개 관자
蚝蛎	háo lì	하오 리	굴
蛤蚌	gē bàng	꺼 빵	조개

<야채류>

白菜	bái cài	빠이 츠아이	배추
菠菜	bō cài	뽀 츠아이	시금치
青菜	qīng cài	칭 츠아이	야채
芹菜	qín cài	친 츠아이	미나리
芥菜	jiè cài	지예 츠아이	갓
菜花	cài huā	츠아이 화	꽃 양배추
卷心菜	juǎn xīn cài	쥐엔 씬 츠아이	양배추
葱	cōng	총	파
洋葱	yáng cōng	양 총	양파

메뉴 보는 법

韭菜	jiǔ cài	지여우 츠아이	부추
蒜	suàn	쑤안	마늘
番茄	fān qié	판 치예	토마토
青椒	qīng jiāo	칭 지야오	푸른 고추, 피망
红椒, 辣椒	hóng jiāo là jiāo	홍 지야오, 라 지야오	붉은 고추 고추
青豆	qīng dòu	칭 떠우	푸른 콩
豌豆	wān dòu	완 떠우	완두
红豆	hóng dòu	홍 떠우	빨간 콩
豆芽	dòu yá	떠우 이야	콩나물
绿豆	lǜ dòu	뤼 떠우	녹두
黄豆	huáng dòu	황 떠우	대두
萝卜	luó bō	루워 뽀	무
胡萝卜	hú luó bō	후 루워 뽀	홍당무
竹笋	zhú sǔn	쥬 순	죽순
莲藕	lián ǒu	리엔 어우	연뿌리
茄子	qié zi	치예 즈	가지
土豆	tǔ dòu	투 떠우	감자
红薯, 白薯	hóng shǔ bái shǔ	홍 슈, 빠이 슈	고구마
黄瓜	huáng guā	황 과아	오이

南瓜	nán guā	난 과아	호박
姜	jiāng	지양	생강
豆腐	dòu fu	떠우 푸	두부

<버섯류>

香菇, 冬菇	xiāng gū, dōng gū,	시양 꾸, 똥 꾸	표고버섯
松菇	sōng gū	쏭 꾸	송이버섯
蘑菇	mó gū	모 꾸	버섯
木耳	mù ěr	무 얼	목이 버섯
银耳	yín ěr	인 얼	흰참나무 버섯

<과일 및 열매류>

苹果	píng guǒ	핑 꾸워	사과
香蕉	xiāng jiāo	시양 지야오	바나나
梨子	lí zi	리 즈	배
柿子	shì zi	스 즈	감
桃子	táo zi	타오 즈	복숭아
菠萝	bō luó	보 루워	파인애플
西瓜	xī guā	시 꽈	수박

메뉴 보는 법

柠檬	níng méng	닝 멍	레몬
樱桃	yīng táo	잉 타오	앵두
草莓	cǎo méi	츠아오 메이	딸기
葡萄	pú táo	푸 타오	포도
甜瓜	tián guā	티엔 꽈	참외
荔枝	lì zhī	리 즈	여지
松子儿	sōng zir	쏭 즈얼	잣
杏仁	xìng rén	싱 런	살구
瓜子儿	guā zir	꽈 즈얼	수박씨, 해바라기씨, 호박씨를 통틀어서
核桃	hé táo	흐어 타오	호두
红枣	hóng zǎo	홍 즈아오	붉은 대추
栗子	lì zi	리 즈	밤
龙眼	lóng yǎn	롱 이엔	용안육

5. 음료수

苏打	sū dǎ	쑤 따	소다
果汁	guǒ zhī	꾸워 즈	과일 쥬스
酸奶	suān nǎi	쑤안 나이	요쿠르트
牛奶	niú nǎi	니유 나이	우유

红茶	hóng chá	홍 츠아	홍차
绿茶	lǜ chá	뤼 츠아	녹차
汽水	qì shuǐ	치 슈에이	사이다
啤酒	pí jiǔ	피 지여우	맥주
咖啡	kā fēi	카 페이	커피
葡萄酒	pú táo jiǔ	푸 타오 지여우	포도주
可口可乐	kě kǒu kě lè	커 커우 커 러	코카콜라
茶叶	chá yè	츠아 이예	차의 잎
香片	xiāng piàn	시양 피엔	(향기로운 꽃잎으로 만든)녹차, 화차
乌龙茶	wú lóng chá	우 롱 츠아	오룡차
龙井茶	lóng jǐng chá	롱 징 츠아	용정차
武夷茶	wǔ yí chá	우 이 츠아	무이차
铁观音	tiě guān yīn	티예 꾸안 인	철관음
奶茶	nǎi chá	나이 츠아	우유나 양유를 넣은 차
矿泉水	kuàng quán shuǐ	쾅 취엔 슈에이	광천수

메뉴 보는 법

6. 음식점

饭馆儿	fàn guǎnr	판 꽐	식당
餐厅	cān tīng	츠안 팅	식당
小吃店	xiǎo chī diàn	샤오 츠 디엔	스낵
面馆儿	miàn guǎnr	미엔 꽐	분식점
茶馆儿	chá guǎnr	츠아 꽐	구식 다방
酒吧	jiǔ bā	지여우 바	바
咖啡厅	kā fēi tīng	카 페이 팅	커피숍
食堂	shí táng	스 탕	식당
大饭店	dà fàn diàn	따 판 디엔	호텔
酒店	jiǔ diàn	지여우 디엔	호텔(홍콩)
卡拉OK	kǎ lā OK	카 라	가라오케

7. 식사도구

筷子	kuài zi	콰이 즈	젓가락
调羹	tiáo gēng	티야오 껑	국자
汤匙	tāng chí	탕 츠	숟가락
盘子	pán zi	판 즈	쟁반
碟子	dié zi	디예 즈	접시
碗	wǎn	완	공기

| 杯 | bēi | 베이 | 잔 |
| 锅 | guō | 꾸워 | 솥 |

요리이름

<북경요리>

北京烤鸭	Běi jīng kǎo yā	베이 징 카오 이야 북경 오리구이
涮羊肉	shuàn yáng ròu	슈안 양 러우 샤브 샤브
葱爆羊肉	cōng bào yáng ròu	총 빠오 양 러우 양고기와 파 볶음
酱爆鸡丁	jiàng bào jī dīng	지양 빠오 찌 띵 닭고기 장볶음
糟熘鱼片	zāo liú yú piàn	즈아오 리유 위 피엔 생선살 고기와 술 찌꺼기 찜
炸虾球	zhá xiā qiú	즈아 시야 치유 새우살을 둥글게 만들어 튀긴 것
红扒海参	hóng bā hǎi shēn	홍 빠 하이 션 해삼찜
香菇玉米	xiāng gū yù mǐ	시양 꾸 위 미 옥수수와 버섯스프

메뉴 보는 법

<사천요리>

麻婆豆腐	má pó dòu fu	마 포 떠우 푸 마파두부
粉蒸牛肉	fěn zhēng niú ròu	펀 즈엉 니유 러우 쇠고기찜
宫保鸡丁	gōng bǎo jī dīng	꿍 빠오 찌 띵 닭고기와 고추볶음
蒜泥白肉	suàn ní bái ròu	쑤안 니 바이 러우 얇게 썬 돼지고기와 마늘 다짐
火腿鲜笋	huǒ tuǐ xiān sǔn	후워 퉤이 시엔 순 죽순과 햄

<절강 · 강소 요리>

古老肉	gǔ lǎo ròu	꾸 라오 러우 탕수육
生炒鳝鱼片	shēng chǎo shàn yú piàn	성 츠아오 스안 위 피엔 장어볶음
沙锅狮子头	shā guō shī zi tóu	샤 꾸워 스 즈 터우 육류찜
红烧鱼翅	hóng shāo yú chì	홍 스아오 위 츠 상어지느러미찜
红烧甲鱼	hóng shāo jiǎ yú	홍 스아오 지야 위 자라찜

红烧河鳗	hóng shāo hé mán	홍 스아오 허 만 장어찜
炒蟹黄油	chǎo xiè huáng yóu	츠아오 시예 황 여우 게살볶음

<광동요리>

蚝油鲍鱼	háo yóu bào yú	하오 여우 빠오 위 전복찜
蟹油鱼翅	xiè yóu yú chì	시예 여우 위 츠 상어지느러미와 게살 스프
红烧明虾	hóng shāo míng xiā	홍 스아오 밍 시야 큰 새우찜
生菜鸽松	shēng cài gē sōng	성 츠아이 꺼 쏭 비둘기 고기가루와 야채
青椒炒牛肉	qīng jiāo chǎo niú ròu	칭 지야오 츠아오 니유 러우 풋고추 쇠고기볶음
香肉锅	xiāng ròu guō	시양 러우 꾸워 개고기 냄비찜
片皮乳猪	piàn pí rǔ zhū	피엔 피 루 쥬 새끼돼지 통구이
燕窝汤	yàn wō tāng	이엔 워 탕 제비집탕

메뉴 보는 법

<주류>

茅台酒	máo tái jiǔ	마오 타이 지여우 귀주성 모대진에서 나는 술
汾酒	fén jiǔ	펀 지여우 산서성 분양현 행화촌에서 생산되는 일종의 소주
西风酒	xī fèng jiǔ	시 펑 지여우 섬서성 봉상현 유림진 일대에서 나는 배갈
大曲酒	dà qū jiǔ	따 취 지여우 사천성 여주의 명주
绍兴酒	shào xīng jiǔ	스아오 씽 지여우 절강성 소흥지방에서 나는 술
金奖白兰酒	jīn jiǎng bái lán jiǔ	찐 지양 바이 란 지여우 골드 브랜디
烟台红 葡萄酒	yān tái hóng pú táo jiǔ	이엔 타이 홍 푸 타오 지여우 연대 와인주
五加皮酒	wǔ jiā pí jiǔ	우 지야 피 지여우 오가피주
竹叶青酒	zhú yè qīng jiǔ	쥬 이예 칭 지여우 죽엽청주
青岛啤酒	qīng dǎo pí jiǔ	칭 따오 피 지여우 청도 맥주

<일반 요리>

炸酱面	zhá jiàng miàn	즈아 지양 미엔	자장면
大卤面	dà rǔ miàn	따 루 미엔	우동
牛肉面	niú ròu miàn	니유 러우 미엔	쇠고기면
糖醋肉	táng cù ròu	탕 추 러우	탕수육
炒饭	chǎo fàn	츠아오 판	볶음밥
烤牛肉	kǎo niú ròu	카오 니유 러우	불고기
烤牛排	kǎo niú pái	카오 니유 파이	불갈비
冷菜	lěng cài	렁 츠아이	냉채
火锅	huǒ guō	후워 꾸워	신선로
青椒炒肉丝	qīng jiāo chǎo ròu sī	칭 지야오 츠아오 러우 쓰	고추쇠고기볶음
炒韭菜	chǎo jiǔ cài	츠아오 지여우 츠아이	부추볶음

메뉴 보는 법

관광 · 스포츠

주의사항
화장실이 어디 있습니까?
고적지를 관광하다
사진 찍다
주의사항(오락에 관해서) 212
영화 · 연극 구경 214
취미생활을 물을 때
디스코텍에서
스포츠를 즐길 때

주의사항

▶ **추억을 만듭시다**

　중국 송나라의 유명한 화가 宗炳은 젊었을 때 중국의 유명한 산을 두루두루 다녔다고 합니다. 노년에 와서 그 과거에 봤던 명산을 거처에 그려 놓고 즐기기도 하며 작품생활을 했습니다. 우리 역시 먼훗날 외로움을 달래주는 추억이라는 취미생활을 만들어야겠지요.

▶ 이 추억을 만들기 위해서 단체관광에선 자유시간을 잘 이용하셔야 합니다. 언어가 짧을 수도 있겠지만 이 책을 벗삼아 가까운 명승지를 찾아 지난날의 역사 및 고인의 자취를 느껴보고 또한 중국인의 생활양상을 살펴 자신의 생활 철학을 확립해 보도록 합시다.

▶ **사진 촬영**

　먼저 촬영금지구역인지 아닌지를 살펴 보십시오. 안내문이 보이지 않으면 주변에 사진을 찍는 관광객이 있는지를 살펴보는 것도 방법이며 안내원에게 물어봐도 됩니다. 이렇게요.

　　可　以　照　照　片　吗? 사진 찍어도 됩니까?
　　커　이　즈아오　즈아오　피엔　마

▶ **자유시간 설계**

　호텔 로비에 행사 여행지 알선, 오늘의 관광지 등의 안내문이 준비되어 있습니다. 그것을 갖고 호텔방으로 돌아와 계획을 세워보세요. 첫째, 중국 전통 국극을 꼭 한번 보셔야 합니다. 당장은 이해가 안 되지만 훗날 분명히 이해가 될 것입니다. 그리고 중국에 머무는 동안 매일 아침 일찍 일어나서 부근에 있는 공원을 찾으십시오. 많은 관경을 볼 수 있을 뿐만 아니라 중국인이 어떤 사람인지 알게 될 겁니다. 궁금하시죠? 이것을 말로 표현하긴 어렵고 직접 보셔야 사랑할 수도 있고 미워할 수도 있습니다.

▶ 스포츠

스포츠 센터가 많지 않습니다. 일반 서민 스포츠는 새벽에 공원에서 즐깁니다. 아주 다양하게 즐깁니다. 구경하고 흉내만 내도 운동이 됩니다. 태극권의 기본 동작만 배워와도 즐겁습니다. 꼭 한번 실천해 보십시오. 눈만 여행하지 마시고 마음과 온몸으로 여행하십시오.

▶ 특색을 찾다

나라마다 특색과 전통이 있습니다. 좋고 나쁜 것을 떠나 우리는 그것을 보고, 느끼고, 인간과 인생을 이해해 가야 합니다.

주의사항

화장실이 어디 있습니까?

중국은 한국만큼 화장실 시설이 잘 되어 있지 않기 때문에 이 문제를 소홀히 여겨서는 안 됩니다. 북경 유료 화장실 배치도를 길, 서점, 호텔에서 판매합니다.

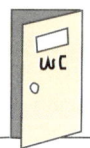

실례합니다. 화장실이 어디 있습니까?

请 问 卫 生 间 在 哪儿?

Qǐng wèn wèi shēng jiān zài nǎr?
칭 우언 우에이 셩 지엔 즈아이 날

곧바로 가시다가 우회전하면 바로 있습니다.

一 直 走 右 转 就 有。

Yì zhí zǒu yòu zhuǎn jiù yǒu.
이 즈 져우 여우 쥬안 지여우 여우

화장실을 사용할 수 있습니까?

我 可 以 用 卫 生 间 吗?

Wǒ kě yǐ yòng wèi shēng jiān ma?
워 커 이 융 우에이 셩 지엔 마

1원의 사용료를 내셔야 합니다.

您 要 付 一 块 钱 的 用 费。

Nín yào fù yí kuài qián de yòng fèi.
닌 야오 푸 이 콰이 치엔 더 융 페이

고적지를 관광하다

중국엔 오래된 건물이 비교적 잘 보존되어 있고 또한 많기도 합니다. 간단한 질문을 직접 해가면서 정취를 느껴 보십시오.

이곳은 무슨 건축물입니까?

这 座 是 什 么 建 筑 物?
Zhè zuò shì shén me jiàn zhù wù?
즈어 즈워 스 션 머 지엔 쥬 우

어느 시대 것입니까?

是 哪 一 个 朝 代 的?
Shì nǎ yí ge cháo dài de?
스 나 이 꺼 츠아오 따이 더

언제 만든 것입니까?

什 么 时 候 修 成 的?
Shén me shí hòu xiū chéng de?
션 머 스 허우 시유 츠엉 더

역사가 얼마나 되었습니까?

有 多 久 的 历 史 了?
Yǒu duō jiǔ de lì shǐ le?
여우 뚜워 지여우 더 리 스 러

名胜古迹	밍 성 꾸 지	명승 고적
游览	여우 란	유람
参观	츠안 꾸안	참관하다
风景	펑 찡	풍경

정말 불가사의입니다.

真 是 不 可 思 议！
Zhēn shì bù kě sī yì!
전 스 뿌 커 쓰 이

정말 웅장합니다.

真 壮 伟。
Zhēn zhuàng wěi.
전 쥬앙 우에이

장소를 찾아서

我 们 找 个 地 方
Wǒ men zhǎo ge dì fāng
워 먼 즈아오 꺼 띠 팡

잠깐 쉬는 게 어떻습니까?

休 息 一 下 好 吗？
xiū xi yí xià hǎo ma?
시유 씨 이 샤 하오 마

고적지를 관광하다

漂亮	피아오 리양	예쁘다
游览图	여우 란 투	여행 지도
公园	꿍 위안	공원
古宫	꾸 꿍	고궁

기념품 파는 곳이 있습니까?

有 没 有 卖 纪 念 品 的 地 方?
Yǒu méi yǒu mài jì niàn pǐn de dì fang?
여우 메이 여우 마이 찌 니엔 핀 더 띠 팡

기념품을 사서 친구에게 선물하려고 합니다.

我 要 买 纪 念 品 送 给 朋 友。
Wǒ yào mǎi jì niàn pǐn sòng gěi péng you.
워 야오 마이 찌 니엔 핀 쏭 게이 펑 여우

정말 이 여행은 헛되지 않았습니다.

真 是 不 虚 此 行。
Zhēn shì bù xū cǐ xíng.
쩐 스 뿌 쉬 츠 씽

저는 매우 많은 것을 배웠습니다.

我 学 到 了 很 多。
Wǒ xué dào le hěn duō.
워 쉬예 따오 러 헌 뚜워

고적지를 관광하다

유명 고적지

<북경의 명승고적>

天安门	Tiān ān mén	티엔 안 먼	천안문
		명나라 영락 연간에 만들어졌음	

毛主席 纪念堂	Máo zhǔ xí Jì niàn táng	마오 쥬 시 찌 니엔 탕	모주석 기념당
		모택동의 유해가 안치되어 있음	

故宫	Gù gōng	꾸 꿍	고궁
		명, 청대의 궁전으로 자금성 혹은 황궁으로 불림	

北海公园	Běi hǎi gōng yuán	베이 하이 꿍 위안	북해공원
		요나라 때 만들어져서 원나라를 거쳐 오늘날까지 내려와서 볼만 한 것이 많음	

天坛	Tiān tán	티엔 탄	천단
		명, 청대에 세워진 고대 건축물이 많음	

鼓楼	Gǔ lóu	꾸 러우	고루
钟楼	Zhōng lóu	쭝 러우	종루
		명대에 만들어진 건물이며 근처에 오래된 집들이 많이 남아 있음	

历史博物馆	Lì shǐ bó wù guǎn	리 스 보 우 꾸안	역사박물관
		북경원인에서부터 아편전쟁까지의 역사 유물이 전시되어 있음	

颐和园	Yí hé yuán	이 흐어 위엔　이화원 원래는 1153년에 만들어졌지만 1888년에 재건된 건물
卧佛寺	Wò fó sì	워 포 쓰　와불사 당나라 때 창건된 유서 깊은 절
碧云寺	Bì yún sì	비 윈 쓰　벽운사 본체는 원나라 때 세워졌음
大观园	Dà guān yuán	따 꾸안 위안　대관원 홍루몽의 무대가 된 곳임
芦沟桥	Lú gōu qiáo	루 꺼우 치야오　노구교 1937년 중일전쟁이 일어난 곳
潭柘寺	Tán zhè sì	탄 즈어 쓰　담자사 북경에서 가장 오래된 절로 3세기에 짓기 시작했음

<상해의 명승고적>

豫园商场	Yù yuán shāng chǎng	위 위안 스앙 츠앙 예원상점 옛성 중심지로 100년간 시민의 생활을 지탱해 오고 있음
鲁迅公园	Lǔ xùn gōng yuán	뤼 쉰 꿍 위안 노신공원 노신묘, 모택동 친필, 노신 기념관이 있음
龙华寺	Lóng huá sì	롱 화 쓰　용화사 삼국시대 오의 赤乌 5년에 창건된 가장 오래된 절

유명 고적지

<심양의 명승고적>

故宫	Gù gōng	꾸 꿍 고궁 만족의 궁정생활을 한눈에 볼 수 있음
北陵公园	Běi líng gōng yuán	베이 링 꿍 위안 북능공원 청나라의 2대 황제. 황태후로 부부묘가 있으며 유리기와로 된 아름다운 건물이 많음
辽宁省博物馆	Liáo níng shěng bó wù guǎn	리야오 니잉 성 요녕성 보우 꾸안 박물관 요나라의 문물이 많음
遗构	Yí gòu	이 꺼우 유구 옛 만주국 건물들이 많이 있음
东陵	Dōng líng	똥 링 동릉 청의 태조 누루하치 능묘로 늙은 거목이 볼만함
集安	Jí ān	찌 안 집안 기원전 37~427년 약 490년간 고구려의 수도
广开土王碑	Guǎng kāi tǔ wáng bēi	광 카이 투 광개토왕비 왕 베이
抚顺战犯管理所	Fǔ shùn zhàn fàn guǎn lǐ suǒ	푸 수운 즈안 판 무순전범 꾸안 리 스워 관리소 중국 마지막 황제 부의가 수감되었던 곳이며 내부가 공개되고 있음

<서안의 명승고적>

慈恩寺	Cí ēn sì	츠 은 쓰　　자은사 당나라 고승 현장이 경전을 번역 했던 곳, 서안의 상징적 건축물
荐福寺	Jiàn fú sì	지엔 푸 쓰　천복사 당나라 때의 모습을 그대로 볼수 있으며 복구되지 않았음
陕西 博物馆	Shǎn xī bó wù guǎn	샨 시　　　　섬서 보 우 꾸안　　박물관 근처의 출토품으로 원시시대~청대까지의 유물을 볼 수 있음
清真寺	Qīng zhēn sì	칭 젼 쓰　　　청진사 당나라 때 지어진 이슬람교 사원
华清池	Huá qīng chí	화 칭 츠　　　화청지 3천년의 역사를 지닌 온천지 당 현종과 양귀비가 즐기던 곳
鸿门 纪念馆	Hóng mén jì niàn guǎn	훙 먼　　　　홍문기념관 찌 니엔 꾸안 항우, 유방 그때의 일화를 모방한 텐트가 있으며 잔치를 묘사한 인형이 있음
半坡 博物馆	Bàn pō bó wù guǎn	빤 포　　　　반파박물관 보 우 꾸안 신석기시대에 속하는 촌락 유적지임
香积寺	Xiāng jī sì	시양 찌 쓰　　향적사 당나라 때 창건된 절

유명 고적지

兴教寺	Xìng jiào sì	씽 지야오 쓰	흥교사
		당나라 때 창건된 절	
草堂寺	Cǎo táng sì	츠아오 탕 쓰	초당사
		동진 말에 창건된 절	
茂陵	Mào líng	마오 링	무릉
		한나라 무제묘	
乾陵	Gān líng	깐 링	건릉
		측천무후묘	

<금지표지판>

闲人免进	xián rén miǎn jìn	시엔 런 미엔 찐	출입금지
禁止拍照	jìn zhǐ pái zhào	찐 즈 파이 즈아오	촬영금지
请勿动手	qǐng wù dòng shǒu	칭 우 똥 셔우	손대지 마시오
请勿吸烟	qǐng wù xī yān	칭 우 씨 이엔	금연

사진 찍다

인물을 찍을 때는 반드시 양해를 얻어야 합니다.

여기에서 사진 찍어도 됩니까?

在 这儿 可 以 照 相 吗?
Zài zhèr kě yǐ zhào xiàng ma?
즈아이 절 커 이 즈아오 시양 마

사진 한 장만 찍어 주시겠습니까?

请 帮 我 照 张 相 好 吗?
Qǐng bāng wǒ zhào zhāng xiàng hǎo ma?
칭 빵 워 즈아오 즈앙 시양 하오 마

제가 당신께 사진 한 장 찍어 드려도 되겠습니까?

我 给 你 照 一 张 相 好 吗?
Wǒ gěi nǐ zhào yì zhāng xiàng hǎo ma?
워 게이 니 즈아오 이 즈앙 시양 하오 마

제가 당신과 사진을 찍고 싶은데 됩니까?

我 想 跟 你 照 张 相 可 以 吗?
Wǒ xiǎng gēn nǐ zhào zhāng xiàng kě yǐ ma?
워 시양 껀 니 즈아오 즈앙 시양 커 이 마

照相机	즈아오 시양 찌	카메라
慑影机	셔 잉 찌	촬영 카메라
照片	즈아오 피엔	사진
快门	콰이 먼	셧터

사진을 한 장 찍어서 기념으로 삼으려고 합니다.

照 张 相 留 着 作 个 纪 念。
Zhào zhāng xiàng liú zhe zuò ge jì niàn.
즈아오 즈앙 시양 리유 져 즈워 꺼 찌 니엔

필름을 다 썼습니다.

胶 卷 用 完 了。
Jiāo juǎn yòng wán le.
지아오 쥐엔 융 완 러

필름 한 통 주십시오.

给 我 一 个 胶 卷。
Gěi wǒ yí ge jiāo juǎn.
게이 워 이 꺼 지아오 쥐엔

잘 찍어주셔야 합니다.

要 照 好 一 点。
Yào zhào hǎo yì diǎn.
야오 즈아오 하오 이 디엔

按一下	안 이 샤	누르다
电池	디엔 츠	건전지
背景	베이 징	배경
彩色的	츠아이 써 더	칼라

당신의 이름과 주소를

请 把 你 的 姓 名 和 地 址
Qǐng bǎ nǐ de xìng míng hé dì zhǐ
칭 바 니 더 씽 밍 흐어 띠 즈

저에게 알려 주시겠습니까?

告 诉 我 好 吗?
gào sù wǒ hǎo ma?
까오 쑤 워 하오 마

사진을 현상한 후에

冲 洗 好 了 之 后
Chōng xǐ hǎo le zhī hòu
충 씨 하오 러 즈 허우

제가 당신께 부쳐 드릴거예요.

我 会 寄 给 你 的。
wǒ huì jì gěi nǐ de.
워 후에이 찌 게이 니 더

사진 찍다

주의사항 (오락에 관해서)

► 고급 호텔에는 볼링, 디스코, 실내수영장, 사우나, 가라오케 등이 있습니다. 비싸지만 즐거운 시간을 보낼 수 있습니다.

► 경극이나 영화 등은 극장 매표소에서 구입합니다. 보통 매진되기가 쉽습니다. 2~3일 전이나 직접 혹은 호텔에 부탁해서 예매해 두는 것이 안전합니다. 前门호텔내에 있는 이원(梨园)극장이 경극 전문극장입니다.

► 지역에 따라 특색있는 茶馆(차 마시는 곳)도 많이 있습니다. 시간나는 대로 들러 차 한잔 마시면서 때로는 이야기꾼들의 이야기, 거리의 악사들의 연주를 알아듣지는 못해도 함께 하면 신이 납니다.

► 골프장(高尔夫场 까오 얼 푸 츠앙)은 현재 북경에 3개가 있습니다. 비교적 싼 편입니다.

► 북경유락원(北京游乐园)은 북경의 디즈니랜드입니다.

► 신기유락원(神奇游乐园)은 중국판 유니버설 스튜디오라고 합니다.

► 디스코텍은 호텔 옆에 많이 있으며 평일에도 붐빕니다.

▶ 가라오케도 북경 곳곳에 있습니다. 한국 노래도 부를 수 있습니다.

▶ 해변 도시는 해수욕도 즐길 수 있습니다.

주의사항

영화 · 경극 구경

매진되기가 쉬우니 미리 사두는 것이 좋습니다. 특히 서커스 공연은 볼만 합니다.

호텔 프론터에서

제가 경극을 보고 싶은데

我 想 看 京 剧,
Wǒ xiǎng kàn Jīng jù,
워 시앙 칸 찡 쥐

어느 극장에서 하는 게 재미있습니까?

哪 个 戏 院 的 戏 有 意 思?
nǎ ge xì yuàn de xì yǒu yì si?
나 꺼 씨 위안 더 씨 여우 이 쓰

프로그램을 저에게 한 장 주실 수 있습니까?

能 给 我 一 张 节 目 表 吗?
Néng gěi wǒ yì zhāng jié mù biǎo ma?
넝 게이 워 이 즈앙 지예 무 비야오 마

저는 표 한 장을 예매하고 싶습니다.(극장관람권)

我 想 预 售 两 张 票。(戏票)
Wǒ xiǎng yù shòu liǎng zhāng piào. (xì piào)
워 시앙 위 셔우 리양 즈앙 피야오(씨 피야오)

电影	디엔 잉	영화
戏剧	씨 쥐	연극
话剧	화 쥐	현대극
相声	시양 성	만담

몇 시에 시작합니까?

几 点 开 演?
Jǐ diǎn kāi yǎn?
지 디엔 카이 이엔

저녁 7시에 시작합니다.

晚 上 七 点 开 演。
Wǎn shàng qì diǎn kāi yǎn.
완 스앙 치 디엔 카이 이엔

좋은 좌석으로 하나 주십시오.

请 给 我 一 个 好 座儿。
Qǐng gěi wǒ yí ge hǎo zuòr.
칭 게이 워 이 꺼 하오 주얼

제 좌석이 어디 있습니까?

我 的 座儿 在 哪儿?
Wǒ de zuòr zài nǎr?
워 더 주얼 즈아이 날

영화 · 경극 구경

杂技	즈아 찌	곡예
电影院	디엔 잉 위안	극장
喜剧	시 쥐	희극
悲剧	베이 쥐	비극

선생님! 여기는 제 자리입니다.

先生! 这 是 我 的 座儿。
Xiānsheng! Zhè shì wǒ de zuòr.
시엔 성 즈어 스 워 더 주얼

죄송합니다. 제가 번호를 잘못 봤습니다.

对 不 起! 我 看 错 号 码 了。
Duì bù qǐ! Wǒ kàn cuò hào mǎ le.
뚜에이 뿌 치 워 칸 츠워 하오 마 러

천만에요.

哪 里! 哪 里!
Nǎ li! Nǎ li!
나 리 나 리

이해되셨습니까?

你 看 懂 了 吗?
Nǐ kàn dǒng le ma?
니 칸 뚱 러 마

主角	쥬 쥐예	주인공
表演	비야오 이엔	공연
演员	이엔 위엔	배우
太平门	타이 핑 먼	비상구

조금 이해됐습니다.

看 懂 了 一 点儿。
Kàn dǒng le yì diǎnr.
칸 똥 러 이 디얼

재미있습니까?

有 意 思 吗?
Yǒu yì si ma?
여우 이 쓰 마

아주 큰 감동을 받았습니다.

我 受 到 很 大 的 感 动。
Wǒ shòu dào hěn dà de gǎn dòng.
워 셔우 따오 헌 따 더 깐 똥

굉장히 훌륭했습니다.

非 常 精 采。
Fēi cháng jīng cǎi.
페이 츠앙 징 츠아이

영화 · 경극 구경

취미생활을 물을 때

중국 사람은 취미생활을 잘 즐깁니다. 아침에 일찍 공원에 나가보면 알 수 있습니다.

당신의 취미는 무엇입니까?

你 的 爱 好 是 什 么?
Nǐ de ài hào shì shén me?
니 더 아이 하오 스 션 머

저는 바둑을 좋아합니다.

我 喜 欢 下 棋。
Wǒ xǐ huān xià qí.
워 시 환 샤 치

당신 바둑 둘 수 있습니까?

你 会 下 围 棋 吗?
Nǐ huì xià wéi qí ma?
니 후에이 샤 우에이 치 마

조금 할 수 있습니다.

会 一 点 儿。
Huì yì diǎnr.
후에이 이 디얼

划船	화 추안	카누
散步	싼 뿌	산보하다
放风筝	팡 펑 정	연 날리다
郊游	지야오 여우	하이킹

바둑 한 판 두는 게 어떻습니까?

我 们 下 一 局 棋 好 不 好?
Wǒ men xià yì jú qí hǎo bù hǎo?
워 먼 샤 이 쥐 치 하오 뿌 하오

지면, 식사내기를 합시다.

输 了, 请 客 吃 饭。
Shū le, qǐng kè chī fàn.
슈 러 칭 커 츠 판

좋습니다. 약속하신 겁니다.

好! 一 言 为 定。
Hǎo! Yì yán wéi dìng.
하오 이 이엔 우에이 띵

번복할 수 없습니다.

不 能 反 悔。
Bù néng fǎn huǐ.
뿌 넝 판 후에이

취미생활을 물을 때

취미생활

唱歌	chàng gē	츠앙 꺼	노래 부르기
钓鱼	diào yú	디야오 위	낚시
写书法	xiě shū fǎ	시예 슈 파	서예쓰기
画画儿	huà huàr	화 활	그림 그리기
跳舞	tiào wǔ	티야오 우	춤추기
太极拳	tài jí quán	타이 지 취엔	태극권
象棋	xiàng qí	샹 치	장기
爬山	pá shān	파 샨	등산
音乐	yīn yuè	인 위예	음악
欣赏	xīn shǎng	씬 스앙	감상
游泳	yóu yǒng	여우 용	수영
打扑克	dǎ pū kè	따 푸 커	포커하기
雕刻	diāo kè	디야오 커	조각
拳术	quán shù	취엔 슈	권법
舞剑	wǔ jiàn	우 지엔	검무
工夫	gōng fu	꿍 푸	쿵푸
武术	wǔ shù	우 슈	무술
溜冰	liū bīng	리여우 빙	스케이팅

划雪	huá xuě	화 쉬예	스키타기
弹钢琴	tán gāng qín	탄 깡 친	피아노 치기
弹吉他	tán jí tā	탄 지 타	기타 치기
盆栽	pén zāi	펀 즈아이	분재
打球	dǎ qiú	따 치여우	공놀이
照相	zhào xiàng	즈아오 시양	사진 찍기
集邮	jí yóu	지 여우	우표 수집
演奏	yǎn zòu	이엔 져우	연주
交响乐	jiāo xiǎng yuè	지야오 시양 위예	교향악
骑马	qí mǎ	치 마	기마
喇叭	lǎ ba	라 빠	나팔

취미생활을 물을 때

디스코텍에서

호텔 옆에 있습니다. 중국인들도 즐겨 찾는 곳입니다. 시설이 일류는 아니지만 음악은 좋습니다.

저와 춤 한 번 추시겠습니까?

请 跟 我 跳 一 支 舞 好 吗?
Qǐng gēn wǒ tiào yì zhī wǔ hǎo ma?
칭 껀 워 티야오 이 즈 우 하오 마?

감사합니다. 그런데 제가 춤을 잘 못춥니다.

谢谢! 不 过 我 跳 得 不 好。
Xiè xie! Bú guò wǒ tiào de bù hǎo.
시에 시에 뿌 꾸워 워 티야오 더 뿌 하오

겸손하시군요. 저 역시 잘 추지 못합니다.

您 客 气 了! 我 跳 得 也 不 太 好。
Nín kè qì le! Wǒ tiào de yě bú tài hǎo.
닌 커 치 러 워 티야오 더 예 부 타이 하오

서로 가르쳐 주면 됩니다.

我 们 可 以 互 相 指 导。
Wǒ men kě yǐ hù xiāng zhǐ dǎo.
워 먼 커 이 후 시양 즈 다오

华尔兹	화얼즈	왈츠

미안합니다. 제가 당신 발을 밟았습니다.

对 不 起! 我 踩 到 您 的 脚 了。
Duì bù qǐ! Wǒ cǎi dào nín de jiǎo le.
뚜에이 뿌 치 워 츠아이 따오 닌 더 지야오 러

괜찮습니다.

没 事儿。
Méi shìr.
메이 셜

당신 정말 잘 추시네요.

您 跳 得 相 当 好。
Nín tiào de xiāng dāng hǎo.
닌 티야오 더 시양 땅 하오

당신을 알게 되어서 매우 기쁩니다.

认 识 您 很 高 兴。
Rèn shi nín hěn gāo xìng.
런 스 닌 헌 까오 씽

디스코텍에서

스포츠를 즐길 때

중국인은 몸을 단련하는 것을 무척 좋아합니다. 전통 쿵푸는 물론이지만 현대 스포츠도 좋아합니다.

테니스 칠 줄 압니까?

你 会 打 网 球 吗?
Nǐ huì dǎ wǎng qiú ma?
니 후에이 따 왕 치유 마

할줄 모릅니다. 탁구는 조금 합니다.

我 不 会, 只 会 一 点 乒 乓 球。
Wǒ bú huì, zhǐ huì yì diǎn pīng pāng qiú.
워 부 후에이 즈 후에이 이 디엔 핑 팡 치여우

그럼, 우리 가서 탁구 치는 게 어떻습니까?

那 么, 我 们 去 打 乒 乓 球 好 吗?
Nà me, wǒ men qù dǎ pīngpāng qiú hǎo ma?
나 머 워 먼 취 따 핑 팡 치여우하오 마

좋습니다. 지금 바로 갑시다.

好! 现 在 就 去。
Hǎo! Xiàn zài jiù qù.
하오 시엔 즈아이지여우 취

好球	하오 치여우	스트라이크, 인사이드 볼
赢了	잉 러	이겼다
输了	슈 러	졌다
打赌	따 뚜	내기하다

당신 공이 굉장히 센데요.

你 的 球 好 厉 害。
Nǐ de qiú hǎo lì hài.
니 더 치여우 하오 리 하이

과찬이십니다.

你 过 奖 了。
Nǐ guò jiǎng le.
니 꾸워 지양 러

갑시다. 제가 태극권을 가르쳐 드리겠습니다.

走! 我 教 你 太 极 拳 去。
Zǒu! Wǒ jiāo nǐ tài jí quán qù.
져우 워 지야오 니 타이 지 취엔 취

좋습니다. 제가 스승보다 나은 제자가 되겠습니다.

好 极 了! 我 要 青 出 于 蓝。
Hǎo jí le! Wǒ yào qīng chū yú lán.
하오 지 러 워 야오 칭 츄 위 란

스포츠를 즐길 때

스포츠

游泳	yóu yǒng	여우 융	수영
高尔夫球	gāo ěr fū qiú	까오 얼 푸 치여우	골프
滑雪	huá xuě	화 쉬예	스키
滑冰	huá bīng	화 빙	스케이트
保龄球	bǎo líng qiú	바오 링 치여우	볼링
飞翼	fēi yì	페이 이	행글라이더
帆板	fān bǎn	판 반	윈드 서핑
跳绳	tiào shéng	티야오 성	줄넘기
网球	wǎng qiú	왕 치여우	테니스
羽毛球	yǔ máo qiú	위 마오 치여우	배드민턴
排球	pái qiú	파이 치여우	배구
蓝球	lán qiú	란 치여우	농구
棒球	bàng qiú	빵 치여우	야구
足球	zú qiú	즈우 치여우	축구
乒乓球	pīng pāng qiú	핑 팡 치여우	탁구
橄榄球	gǎn lǎn qiú	깐 란 치여우	럭비
体操	tǐ cāo	티 츠아오	체조
柔道	róu dào	러우 따오	유도
登山, 爬山	dēng shān, pá shān	떵 샨, 파 샨	등산

쇼핑

주의사항
의류 가게에서

주의사항 (쇼핑)

▶ 중국은 국영이 많습니다. 소규모의 개인상점이 있기는 하나 많지는 않습니다. 큰 도시일 경우 백화점, 외국인 전용 백화점(**友谊商店**)에서 물건을 구입하는 것이 비교적 안전하고 고급품이 있습니다. 또한 구입한 물건을 발송해 주기도 합니다.

▶ 상해는 상업의 중심지이므로 각지로부터 모여든 공예품이 많습니다. 쇼핑센터도 많고 상품의 질이 좋으며 가격도 적당합니다.

▶ 자유시장에서 판매하는 물건은 대부분 홍콩에서 직수입한 것입니다. 최첨단 패션을 구경할 수 있습니다.

▶ 중국은 땅이 넓어서 특산물도 많습니다. 유명한 것은 수공예품입니다. 그 지역을 나타내는 도장이나 문방사우, 수공예품을 구입하는 것이 의미있는 일이 될 것입니다. 도장을 살 경우 반드시 이름을 새기도록 하십시오.

의류 가게에서

중국은 사회국가이기 때문에 비교적 불친절할 때가 많습니다. 그러나 중국은 원래 낙천적이라서 상점을 들어서면서 '您好！' 한 마디만 하면 긴장된 분위기가 풀립니다.

안녕하세요!

您 好！
Nín hǎo!
닌 하오

안녕하세요! 뭘 사려고 합니까?

您 好！要 买 什 么 东 西?
Nín hǎo! Yào mǎi shén me dōng xi?
닌 하오 야오 마이 션 머 똥 시

바지 하나를 사고 싶습니다.

我 想 买 一 条 裤 子。
Wǒ xiǎng mǎi yì tiáo kù zi.
워 시양 마이 이 티야오 쿠 즈

허리 둘레가 얼마입니까?

腰 围 是 多 少?
Yāo wéi shì duō shǎo?
야오 우에이 스 뚜워 스아오

长裤子	츠앙 쿠 즈	긴 바지
短裤子	두안 쿠 즈	짧은 바지
牛仔裤	니여우 즈아이 쿠	청바지
内裤	네이 쿠	속바지

요즘 살이 좀 쪘으니

最 近 胖 了 一 点儿,
Zuì jìn pàng le yì diǎnr,
쯔우에이찐 찐 팡 러 이 디얼

사이즈를 재주시겠습니까?

您 量 一 下 大 小 好 吗?
nín liáng yí xià dà xiǎo hǎo ma?
닌 리양 이 샤 따 시야오 하오 마

알겠습니다. 약간 크게 할까요, 약간 끼게 할까요?

好 的。要 宽 一 点 还 是 紧 一 点?
Hǎo de. Yào kuān yì diǎn hái shì jǐn yì diǎn?
하오 더 야오 쿠안 이 디엔 하이 스 찐 이 디엔

조금 크게 해주세요.

要 宽 一 点。
Yào kuān yì diǎn.
야오 쿠안 이 디엔

格子	꺼 즈	체크무늬
条子	티야오 즈	줄무늬
深颜色	션 이엔 써	짙은색
浅颜色	치엔 이엔 써	연한색

33 인치입니다. 무슨 색깔로 하시겠어요?

3　　3　英　寸。什　么　颜　色　的?
Sān shí sān yīng cùn. Shén me yán sè de?
쓰안 스 쓰안 잉　춘　션　머　이엔　써　더

회색이 좋습니다.

灰　色　比　较　好。
Huī sè bǐ jiào hǎo.
흐에이 써　비　지야오 하오

이것으로 좀 입어 보세요. 옷감이 아주 좋습니다.

您　试　试　这　条, 衣　料　很　好。
Nín shì shi zhè tiáo, yī liào hěn hǎo.
닌　스　스　즈어 티야오　이 리야오 헌　하오

괜찮네요. 딱 좋습니다. 얼마죠?

不　错。刚　好。多　少　钱?
Bú cuò. Gāng hǎo. Duō shǎo qián?
부 츠워　깡　하오　뚜워 스아오 치엔

의류 가게에서

衬衫	츠언 산	셔츠
裙子	췬 즈	스커트
袜子	와 즈	양말
泳衣	융 이	수영복

150 원입니다.

一 百 五 十 元。
Yì bǎi wǔ shí yuán.
이 바이 우 스 위안

할인이 됩니까, 안 됩니까?

有 没 有 打 折?
Yǒu méi yǒu dǎ zhé?
여우 메이 여우 따 즈어

여기는 할인이 되지 않습니다.

我 们 这 里 没 有 打 折。
Wǒ men zhè li méi yǒu dǎ zhé.
워 먼 즈어 리 메이 여우 따 즈어

그러나 저희가 조금 싸게 드릴 수 있습니다.

不 过 我 们 给 您 算 便 宜 一 点 儿。
Bú guò wǒ men gěi nín suàn pián yi yì diǎnr.
부 꾸워 워 먼 게이 닌 수안 피엔 이 이 디얼

内衣	네이 이	속옷
上衣	스앙 이	상의
下衣	샤 이	하의
一套	이 타오	한 벌

140원 되겠습니다.

要 一 百 四 十 元 好 了。
Yào yì bǎi sì shí yuán hǎo le.
야오 이 바이 쓰 스 위안 하오 러

좋습니다. 포장해 주십시오.

好 吧! 给 我 包 起 来。
Hǎo ba! Gěi wǒ bāo qǐ lái.
하오 바 게이 워 빠오 치 라이

여기 200원입니다.

这 是 二 百 元。
Zhè shì èr bǎi yuán.
즈어 스 얼 바이 위안

60원 거슬러 드리겠습니다. 감사합니다.

找 给 您 六 十 元。 谢 谢!
Zhǎo gěi nín liù shí yuán. Xiè xie!
즈아오 게이 닌 리유 스 위안 시예 시예

의류 가게에서

여기에 오래된 술이 있습니까?

这儿 有 老 酒 吗?
Zhèr yǒu lǎo jiǔ ma?
즈얼 여우 라오 지여우 마

두 개를 원합니다.

我 要 两 个。
Wǒ yào liǎng ge.
워 야오 리양 꺼

남성복은 어디서 팝니까?

男 装 在 哪 里 卖?
Nán zhuāng zài nǎ li mài?
난 쥬앙 즈아이 나 리 마이

다 팔았습니다.

卖 完 了。
Mài wán le.
마이 완 러

저것으로 좀 보여 주십시오.

给 我 看 一 下 那 个。
Gěi wǒ kàn yí xià nà ge.
게이 워 칸 이 샤 나 꺼

몇 개 더 가져 오십시오.

请 多 拿 几 个 来。
Qǐng duō ná jǐ ge lái.
칭 뚜워 나 지 꺼 라이

당신이 저에게 하나 골라 주십시오.

你 给 我 挑 一 个。
Nǐ gěi wǒ tiāo yí ge.
니 게이 워 티야오 이 꺼

됐어요.

不 要 了。
Bú yào le.
부 야오 러

이것만 사면 다 됩니다.

只 要 这 个 就 行 了。
Zhǐ yào zhè ge jiù xíng le.
즈 야오 즈어 꺼 지여우 씽 러

적당한 것이 없습니다.

没 有 合 适 的。
Méi yǒu hé shì de.
메이 여우 흐어 스 더

의류 가게에서

이것으로 사겠습니다.

我 买 这 个。
Wǒ mǎi zhè ge.
워 마이 즈어 꺼

하나 바꿔 주십시오.

请 给 我 换 一 个。
Qǐng gěi wǒ huàn yí ge.
칭 게이 워 환 이 꺼

이것은 무엇입니까?

这 是 什 么?
Zhè shì shén me?
즈어 스 션 머

어디에서 지불합니까?

在 哪 里 付 钱?
Zài nǎ li fù qián?
즈아이 나 리 푸 치엔

가격이 어떻게 됩니까?

什 么 价 钱?
Shén me jià qián?
션 머 지야 치엔

너무 비쌉니다.

太 贵 了。
Tài guì le.
타이 꾸에이 러

조금 싼 것은 없습니까?

有 没 有 便 宜 一 点儿 的?
Yǒu méi yǒu pián yi yì diǎnr de?
여우 메이 여우 피엔 이 이 디얼 더

이것은 쉽게 파손되는 게 아닙니까?

这 个 不 容 易 破 吗?
Zhè ge bù róng yì pò ma?
즈어 꺼 뿌 롱 이 포 마

이것과 저것은 어떻게 다릅니까?

这 个 和 那 个 怎 么 不 同?
Zhè ge hé nà ge zěn me bù tóng?
즈어 꺼 흐어 나 꺼 전 머 뿌 통

이것은 복제한 것입니다.

这 是 复 制 的。
Zhè shì fù zhì de.
즈어 스 푸 즈 더

의류 가게에서

이것은 수제입니다.

这 是 手 工 制 的。
Zhè shì shǒu gōng zhì de.
즈어 스 셔우 꿍 즈 더

한국으로 부치는 것을 좀 도와주실 수 있습니까?

可 以 帮 我 寄 到 韩 国 去 吗?
Kě yǐ bāng wǒ jì dào Hán guó qù ma?
커 이 빵 워 찌 따오 한 꾸워 취 마

제가 좀 시도해봐도 되겠습니까?

我 可 以 试 一 试 吗?
Wǒ kě yǐ shì yí shì ma?
워 커 이 스 이 스 마

조금 작습니다.(크다)

有 一 点 小 （大）。
Yǒu yì diǎn xiǎo (dà)
여우 이 디엔 시야오 (따)

디자인이 예쁘지 않습니다.

样 子 不 好 看。
Yàng zi bù hǎo kàn.
양 즈 뿌 하오 칸

다른 색깔 있습니까?

有 别 的 颜 色 吗?
Yǒu bié de yán sè ma?
여우 비예 더 이엔 써 마

저는 옷을 맞추려고 합니다.

我 要 订 做 衣 服。
Wǒ yào dìng zuò yī fu.
워 야오 띵 즈워 이 푸

기성복은 없습니까?

没 有 现 成 的 吗?
Méi yǒu xiàn chéng de ma?
메이 여우 시엔 츠엉 더 마

언제 완성될 수 있습니까?

什 么 时 候 可 以 缝 好?
Shén me shí hòu kě yǐ féng hǎo?
션 머 스 허우 커 이 펑 하오

몇 시에 문을 닫습니까?

几 点 关 门?
Jǐ diǎn guān mén?
지 디엔 꾸안 먼

의류 가게에서

이것은 무엇을 가지고 만든 것입니까?

这 是 用 什 么 做 的?
Zhè shì yòng shén me zuò de?
즈어 스 융 션 머 즈워 더

저는 구경만 하고 싶습니다.

我 只 是 想 看 一 下。
Wǒ zhǐ shì xiǎng kàn yí xià.
워 즈 스 시양 칸 이 샤

만약에 가짜면 책임지고 교환해드립니다.

若 假 包 换。
Ruò jiǎ bāo huàn.
루워 지야 빠오 환

이것으로 사겠습니다.

就 买 这 个 吧。
Jiù mǎi zhè ge ba.
지여우마이 즈어 꺼 바

단 어

百货商店	bǎi huò shāng diàn	바이 후워 스앙 디엔	백화점
友谊商店	yǒu yì shāng diàn	여우 이 스앙 디엔	외국인 전용상점
市场	shì chǎng	스 츠앙	시장
自由市场	zì yóu shì chǎng	즈 여우 스 츠앙	자유시장
卖店	mài diàn	마이 디엔	매점
小卖部	xiǎo mài bù	시야오 마이 뿌	매점, 간이식당
摊子	tān zi	탄 즈	노점
报刊亭	bào kān tíng	빠오 칸 팅	가두신문판매대
菜铺(摊)	cài pù(tān)	츠아이 푸(탄)	야채 가게
礼物	lǐ wù	리 우	선물
纪念品	jì niàn pǐn	찌 니엔 핀	기념품
土产	tǔ chǎn	투 츠안	토산품
特产	tè chǎn	터 츠안	특산품
工艺品	gōng yì pǐn	꿍 이 핀	공예품
美术品	měi shù pǐn	메이 슈 핀	미술품
古玩	gǔ wán	꾸 완	골동품

의류 가게에서

书画	shū huà	슈 화	서화
陶瓷器	táo cí qì	타오 츠 치	도자기
雕刻	diāo kè	디아오 커	조각
地毯	dì tǎn	띠 탄	담요
首饰	shǒu shi	셔우 스	장신구
毛笔	máo bǐ	마오 비	붓
墨	mò	모	먹
宣纸	xuān zhǐ	쉬엔 즈	화선지
国画	guó huà	꾸워 화	동양화
山水画	shān shuǐ huà	샨 슈에이 화	산수화
挂轴	guà zhóu	과아 져우	족자
陶器	táo qì	타오 치	오지 그릇
漆器	qī qì	치 치	칠기
景德镇	jǐng dé zhèn	징 더 젼	경덕진
花瓶	huā píng	화 핑	꽃병
玉器	yù qì	위 치	옥세공품
玛瑙	mǎ nǎo	마 나오	마노
牙雕	yá diāo	이야 디아오	상아 세공품
扇子	shàn zi	샨 즈	부채
人参	rén shēn	런 션	인삼

중국어	발음	한글발음	뜻
织绣	zhī xiù	즈 시유	직물과 자수
剪纸	jiǎn zhǐ	지엔 즈	종이공예
蜂王精	fēng wáng jīng	펑 왕 징	여왕 벌꿀을 정제한 것
茉莉花茶	mò lì huā chá	모 리 화 츠아	자스민차
乌龙茶	wū lóng chá	우 롱 츠아	오룡차
龙井茶	lóng jǐng chá	롱 징 츠아	용정차 (녹차의 일종)
武夷茶	wǔ yí chá	우 이 츠아	무이차
湖笔	hú bǐ	후 비	붓 (절강성 호주에서 나는 붓)
砚台	yàn tái	이엔 타이	벼루
字帖	zì tiè	즈 티예	붓글씨 교본
木版画	mù bǎn huà	무 반 화	판화
水墨画	shuǐ mò huà	슈에이 모 화	수묵화
拓本	tà běn	타 번	탁본
唐三彩	táng sān cǎi	탕 쓰안 츠아이	당삼채 (잿물이 세 가지 빛으로 된 당나라 도자기)
景泰蓝	jǐng tài lán	징 타이 란	경태람 (동기 표면에 무늬를 재고 파란을 발라서 불에 구어낸 것)
茶具	chá jù	츠아 쥐	차 도구

의류 가게에서

图章	tú zhāng	투 즈앙	도장
坛香扇	tán xiāng shàn	탄 시양 샨	단향목으로 만든 부채
书签	shū qiān	슈 치엔	책표지
厚	hòu	허우	두껍다
薄	bó	보	얇다
棉	mián	미엔	면화
手镯	shǒu zhuó	셔우 쯔워	팔찌
戒指	jiè zhǐ	지예 즈	반지
项链	xiàng liàn	시양 리엔	목걸이
耳环	ěr huán	얼 환	귀걸이
太阳眼镜	tài yáng yǎn jìng	타이 양 이엔 징	선글라스
别针	bié zhēn	비예 전	브로치
珍珠	zhēn zhū	전 쥬	진주
钻石	zuàn shí	주안 스	다이아몬드
水晶	shuǐ jīng	슈에이 징	수정
玉	yù	위	옥
皮鞋	pí xié	피 시예	구두
高跟鞋	gāo gēn xié	까오 껀 시예	하이힐
拖鞋	tuō xié	투워 시예	슬리퍼

雨鞋	yǔ xié	위 시예	장화
平底鞋	píng dǐ xié	핑 디 시예	단화
运动鞋	yùn dòng xié	윈 뚱 시예	운동화
便鞋	biàn xié	비엔 시예	평상화

의류 가게에서

우편 · 전화

주의사항
편지를 부칠 때
전화를 걸 때 251

주의사항

▶ 우표는 호텔이나 우체국에서 팝니다. 기념우표를 사용하고 싶으면 호텔 매점이나 우체국, 거리에서는 **集邮门市部**라는 곳에서 팝니다.

▶ **국제전화**

비교적 어렵지 않게 걸 수 있습니다. 보통 10분 정도 걸리지만 직통 전화도 많습니다. 전화국, 우체국, 호텔, 거리에서는 공중전화(**公用电话**)라고 쓰여진 간판이 있는 상점이나 전화 부스에서 걸 수 있는데 전화 부스가 많지 않습니다.

▶ **소포**

소포 역시 호텔 안에 설치된 소포 취급 카운터에서 부치는 것이 편합니다. 물건을 임시로 상자에 넣어서 담당 직원에게 내용물을 보여주고 세관수속 여부를 확인한 후 세관 신고서에 품목을 기입한 다음 직원에게 주면 가격과 부치는 이유를 물어 봅니다. 이때 가격을 가능한 싸게 말하는 것이 좋습니다. 허가를 받은 후 소포용 나무상자나 종이 아니면 헝겊으로 주머니를 만들어 꿰매서 보냅니다. 포장은 본인이 직접해야 합니다. 호텔에서 부칠 수 없으면 우체국에 가야 합니다.

▶ 전보, 팩스도 호텔에서 취급합니다.

편지를 부칠 때

한국에서 중국 대도시까지 일반 편지는 8~10일, 항공속달은 5~6일, EMS는 3~4일 걸립니다.

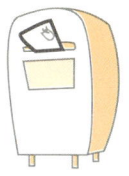

이 편지는 한국으로 부치는 것입니다.

这 封 信 是 寄 去 韩 国 的。
Zhè fēng xìn shì jì qù Hán guó de.
즈어 펑 씬 스 찌 취 한 꾸워 더

우표값이 얼마입니까?

邮 费 多 少 钱?
Yóu fèi duō shǎo qián?
여우 페이 뚜워 스아오 치엔

보통 편지입니까, 항공 속달입니까?

平 信 还 是 航 空 快 信?
Píng xìn hái shì háng kōng kuài xìn?
핑 씬 하이 스 항 콩 콰이 씬

항공 속달로 부치겠습니다.

请 用 航 空 快 递 寄 出。
Qǐng yòng háng kōng kuài dì jì chū.
칭 융 항 콩 콰이 띠 찌 츄

邮票	여우 피야오	우표
过重	꾸워 쭝	중량 초과
信纸	씬 즈	편지지
信封	씬 펑	편지봉투

그렇다면 이 표을 기입해 주십시오.

那 么 请 填 写 这 张 表。
Nà me qǐng tián xiě zhè zhāng biǎo.
나 머 칭 티엔 시예 즈어 즈앙 비야오

다 기입했습니다. 보십시오.

填 好 了。请 看。
Tián hǎo le. Qǐng kàn.
티엔 하오 러 칭 칸

140원을 지불하십시오.

请 付 一 百 四 十 元。
Qǐng fù yì bǎi sì shí yuán.
칭 푸 이 바이 쓰 스 위안

3일 후면 한국에 도착할 수 있습니다.

三 天 后 可 以 到 韩 国。
Sān tiān hòu kě yǐ dào Hán guó.
쓰안 티엔 허우 커 이 따오 한 꾸워

전화를 걸 때

전화카드가 있지만 다른 지역에 가면 사용할 수 없습니다. 예를 들면 북경 전화카드는 북경에서만 사용할 수 있습니다.

여보세요. 안녕하세요. 실례합니다. 장선생님 계십니까?

喂！您好！请问张先生在吗？
Wéi! Nín hǎo! Qǐng wèn Zhāng xiān sheng zài ma?
우에이 닌 하오 칭 우언 즈앙 시엔 성 즈아이 마

어느 장선생님입니까?

哪位张先生？
Nǎ wèi Zhāng xiān sheng?
나 우에이 즈앙 시엔 성

장영리 선생님입니다.

张永利先生。
Zhāng yǒng lì xiān sheng.
즈앙 용 리 시엔 성

당신 성함이 어떻게 되십니까?

您贵姓？
Nín guì xìng?
닌 꾸에이 씽

总机	쫑 지	대표전화
分机	펀 지	교환전화
号码	하오 마	번호
电话	디엔 화	전화

제 성은 박입니다. 한국에서 왔습니다.

我 姓 朴，是 韩 国 来 的。
Wǒ xìng Piáo, shì Hán guó lái de.
워 씽 피야오 스 한 꾸워 라이 더

잠깐 기다려 주십시오.

请 稍 等。
Qǐng shāo děng.
칭 샤오 떵

감사합니다.

谢 谢！
Xiè xie!
시예 시예

별말씀을요.

不 客 气！
Bú kè qi!
부 커 치

제가 한국으로 전화를 걸려고 합니다.

我 要 打 韩 国 电 话。

Wǒ yào dǎ Hán guó diàn huà.

워 야오 따 한 꾸워 디엔 화

상대방 전화번호와 성명은요?

对 方 的 号 码 和 姓 名?

Duì fāng de hào mǎ hé xìng míng?

뚜에이 팡 더 하오 마 흐어 씽 밍

지명 전화입니까?

是 指 名 电 话 吗?

Shì zhǐ míng diàn huà ma?

스 즈 밍 디엔 화 마

말씀하십시오.

请 说(讲)。

Qǐng shuō(jiǎng)

칭 슈워 (지양)

서울 234-1160 김일철입니다.

汉 城 2 3 4 - 1 1 6 0 金 一 哲。

Hàn chéng èr sān sì yāo yāo liù líng jīn yì zhé.

한 츠엉 얼 싼 쓰 야오 야오 리유 링 진 이 즈어

전화를 걸 때

신청인 성명

申 请 人 姓 名。
Shēn qǐng rén xìng míng.
션　 칭　 런　 씽　 밍

3201호 이문

3 2 0 1 房 间 李 文。
Sān èr líng yāo fáng jiān Lǐ wén.
쓰안 얼 링 야오 팡 지엔 리 우언

상대편이 지불합니다.

由 对 方 付 钱。
Yóu duì fāng fù qián.
여우 뚜에이 팡 푸 치엔

먼저 전화를 끊고 기다려 주십시오.

请 先 挂 断 等 一 下。
Qǐng xiān guà duàn děng yí xià.
칭 시엔 과아 두안 떵 이 샤

전화가 연결이 안 됩니다.

电 话 接 不 通。
Diàn huà jiē bù tōng.
디엔 화 지에 뿌 통

받는 사람이 없습니다.

没 人 接。
Méi rén jiē.
메이 런 지예

김선생님이 안 계십니다.

金 先 生 不 在。
Jīn xiān sheng bú zài.
찐 시엔 성 부 즈아이

제 전화를 취소하겠습니다.

请 取 消 我 的 电 话。
Qǐng qǔ xiāo wǒ de diàn huà.
칭 취 시야오 워 더 디엔 화

제가 쓴 통화요금이 얼마입니까?

我 的 通 话 费 多 少 钱?
Wǒ de tōng huà fèi duō shǎo qián?
워 더 통 화 페이 뚜워 스아오 치엔

외선을 연결해 주십시오.

请 接 外 线。
Qǐng jiē wài xiàn.
칭 지예 와이 시엔

전화를 걸 때

당신 전화번호를 저에게 알려 주십시오.

请 告 诉 我 你 的 电 话 号 码。

Qǐng gào sù wǒ nǐ de diàn huà hào mǎ.

칭 까오 쑤 워 니 더 디엔 화 하오 마

이것은 제 주소입니다.

这 是 我 的 地 址。

Zhè shì wǒ de dì zhǐ.

쯔어 스 워 더 띠 즈

전할 말 있습니까?

要 留 话 吗?

Yào liú huà ma?

야오 리유 화 마

2013번으로 돌려 주세요.

请 转 2 0 1 3 号。

Qǐng zhuǎn èr líng yāo sān hào.

칭 쥬안 얼 링 야오 쓰안 하오

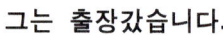

그는 출장갔습니다.

他 出 差 去 了。

Tā chū chāi qù le.

타 츄 츠아이 취 러

당신 전화번호를 남겨 주세요.

请 留 下 你 的 电 话 号 码。
Qǐng liú xià nǐ de diàn huà hào mǎ.
칭 리유 시야 니 더 디엔 화 하오 마

그가 돌아오면 제가 그에게 당신께 전화드리라고 할께요.

他 回 来, 我 叫 他 打 电 话 给 你。
Tā huí lái, wǒ jiào tā dǎ diàn huà gěi nǐ.
타 후에이라이 워 지야오 타 따 디엔 화 게이 니

됐습니다. 제가 다시 전화 드릴 겁니다.

不 必 了! 我 会 再 打 电 话 的。
Bú bì le! Wǒ huì zài dǎ diàn huà de.
부 삐 러 워 후에이즈아이 따 디엔 화 더

전화를 걸 때

단어

国际电话	guó jì diàn huà	꾸워 찌 디엔 화 국제전화
长途电话	cháng tú diàn huà	츠앙 투 디엔 화 장거리 전화
公用电话	gōng yòng diàn huà	꿍 융 디엔 화 공중전화
拨错了	bō cuò le	보 츠워 러 잘못 돌렸다
按	àn	안 (다이얼을)누르다
打错号码了	dǎ cuò hào mǎ le	따 츠워 하오 마 러 번호를 잘못 걸었다
听不清楚	tīng bù qīng chū	팅 뿌 칭 츄 잘 안들리다
请大声说	qǐng dà shēng shuō	칭 따 성 슈워 큰소리로 말씀 하세요
占线	zhàn xiàn	즈안 시엔 통화중
串线	chuàn xiàn	추안 시엔 혼선
挂上电话	guà shàng diàn huà	과아 스앙 디엔 화 전화를 끊다

传真	chuán zhēn	추안 전 팩스
发传真	fā chuán zhēn	파 추안 전 팩스를 보내다
贴邮票	tiē yóu piào	티예 여우 피아오 우표를 부치다
听筒	tīng tǒng	팅 통 수화기
大哥大 (手提电话)	dà gē dà 따 꺼 따 (shǒu tí diàn huà)	(셔우 티 디엔 화) 휴대폰(핸드폰)
呼叫器 (毕毕机)	hū jiào qì (bì bì jī)	후 지야오 치(비 비 지) (삐비)
登记	dēng jì	떵 찌 등록하다
小包	xiǎo bāo	시야오 빠오 소포, 수화물
包装	bāo zhuāng	빠오 쥬앙 포장

전화를 걸 때

사고가 났을 때

주의사항

병에 걸렸을 때

도난·분실의 경우 273

 **주의사항**

▶ 중국 여행에서 가장 걸리기 쉬운 병은 감기와 설사입니다. 여행에서 온 피로, 수면 부족, 대륙성 특유의 기온변화와 건조한 공기 때문입니다.

▶ 여행을 떠날 때 아스피린이나 지사제(설사 멈춤약)를 휴대하셔야 합니다. 보통 심하지 않을 경우 2~3일 무리하게 움직이지 않으면 완쾌됩니다. 만약 설사약을 먹어서 5분 이상 견딜수 없는 상태에 이르면 호텔 종업원에게 연락을 해서 병원을 찾으십시오. 종업원이 모든 것을 처리해 줍니다.

▶ 병을 예방하려면 호텔로 돌아와서 손과 양치질을 하십시오. 중국은 건조한 기후와 먼지, 황사가 심합니다. 설사는 대부분 기름기 많은 음식이나 과식에서 온 겁니다. 과음을 삼가하셔야 합니다. 실크로드쪽으로 가실려면 마스크나 안약을 꼭 가지고 가셔야 합니다.

▶ **교통사고**
어두운 밤에 외출을 삼가하십시오. 가로등도 적고 어둠 속을 전조등도 켜지 않고 자전거가 지나다녀서 여행자들이 많이 다칩니다.

▶ 외국인 대상으로 생기는 범죄 중 가장 많은 것이 소매치기입니다. 그외에 사기, 강탈, 변상을 요구하는 수법 등입니다.

▶ 범죄 예방방법
① 중국인과 같은 옷차림을 하여 눈에 뛰지 않게 합니다.
② 지갑을 소지하지 말고 주머니에 분산해서 넣습니다.
③ 번잡한 곳에서는 가방을 단단히 잡고 다닙니다.
④ 웨이스트 포치는 귀중품이 들어있지 않다는 분위기를 만드십시오. 또한 귀중품을 넣어서도 안 됩니다.
⑤ 귀중품은 안전한 가방에 넣어 항상 몸속에 지니고 다니십시오.
⑥ 친절을 베푸는 사람을 조심하십시오.
⑦ 카드를 분실하면 곧 바로 콜렉트콜로 카드회사에 연락하거나 현지 사무소에 연락해서 정지 수속을 밟으십시오.

▶ 곤란을 당했을 경우
① 돈을 모두 빼앗겼을 경우 한국 공관에 가서 상담하는 것이 최상책입니다.
② 귀중품을 분실했다면 중국 공안국 외사과에 가서 신고합니다. 물건이 돌아오는 경우는 없지만 도난증명서를 받아야 출국할 때 조사를 피할 수 있습니다.
③ 여권을 도난, 분실한 경우에는 우선 해당 지역 공안국 외사과에 가서 신고해 발급받은 도난, 분실증명서와 사진 2매를 가지고 한국 영사관에서 재발급 수속을 밟습니다. 여권 재발급 후 다시 공안국에 가서 비자 취득 수속을 합니다. 10일 정도 걸립니다.
④ 사고, 중병, 범죄가 발생할 경우 공안국 외사과 또는 대사관, 영사관에 꼭 연락하도록 해야 합니다. 한국에서 해외여행 보험에 가입해 두면 더욱 편리를 제공받을 수 있습니다.

주의사항

병에 걸렸을 때

과로, 과음을 피하십시오. 감기약이나 소화제, 설사약을 휴대하십시오.

저는 5021 호실입니다.

我 是 5 0 2 1 房 间。
Wǒ shì wǔ líng èr yāo fáng jiān.
워 스 우 링 얼 야오 팡 지엔

제가 몸이 매우 아픕니다.

我 身 体 很 不 舒 服。
Wǒ shēn tǐ hěn bù shū fu.
워 션 티 헌 뿌 슈 푸

저를 병원으로 데려다 주시겠습니까?

请 送 我 去 医 院 好 吗?
Qǐng sòng wǒ qù yī yuàn hǎo ma?
칭 쏭 워 취 이 위안 하오 마

알겠습니다. 곧 가겠습니다.

知 道 了! 马 上 来。
Zhī dào le! Mǎ shàng lái.
즈 따오 러 마 스앙 라이

의사 한 분 불러 주십시오.

请 给 我 叫 一 位 医 生。
Qǐng gěi wǒ jiào yí wèi yī shēng.
칭 게이 워 지야오 이 우에이 이 셩

어디가 불편하십니까?

您 哪 里 不 舒 服?
Nín nǎ li bù shū fu?
닌 나 리 뿌 슈 푸

여기가 아파요.

这 里 痛。
Zhè li tòng.
즈어 리 통

매우 아픕니다.

痛 得 厉 害。
Tòng de lì hài.
통 더 리 하이

원래 심장이 나쁩니다.

我 的 心 脏 原 来 就 不 好。
Wǒ de xīn zàng yuán lái jiù bù hǎo.
워 더 씬 즈앙 위안 라이 지여우 뿌 하오

병에 걸렸을 때

저는 ~수술을 한 번 한 적이 있습니다.

我 动 过 一 次 ～ 手 术。
Wǒ dòng guo yí cì shǒu shù.
워 똥 꾸워 이 츠 셔우 슈

예전에 신장병을 앓은 적이 있습니다.

以 前 生 过 肾 脏 病。
Yǐ qián shēng guo shèn zàng bìng.
이 치엔 성 꾸워 션 즈앙 삥

언제부터 아프기 시작했습니까?

什 么 时 候 开 始 痛 的?
Shén me shí hòu kāi shǐ tòng de?
션 머 스 허우 카이 스 통 더

어제 저녁부터 아프기 시작했어요.

昨 天 晚 上 痛 起 来 的。
Zuó tiān wǎn shang tòng qi lai de.
즈워 티엔 완 스앙 통 치 라이 더

좋아졌어요.

好 点 了。
Hǎo diǎn le.
하오 디엔 러

괜찮습니다.

不 要 紧。
Bú yào jǐn.
부 야오 찐

계속 여행해도 되겠습니까?

我 可 以 继 续 旅 行 吗?
Wǒ kě yǐ jì xù lǚ xíng ma?
워 커 이 찌 쉬 뤼 씽 마

치통에 잘 듣는 약 있습니까?

有 治 牙 痛 的 药 吗?
yǒu zhì yá tòng de yào ma?
여우 즈 이야 통 더 야오 마

설사약 주세요.

请 给 我 泻 药。
Qǐng gěi wǒ xiè yào.
칭 게이 워 시에 야오

찬 음식을 먹지 마세요.

不 要 吃 冷 的 东 西。
Bú yào chī lěng de dōng xi.
부 야오 츠 렁 더 똥 씨

병에 걸렸을 때

당신 약이 정말 잘 듣는군요.

你 的 药 真 灵。
Nǐ de yào zhēn líng.
니 더 야오 쩐 링

전에 큰 병을 앓은 적이 있습니까?

你 从 前 得 过 大 病 吗?
Nǐ cóng qián dé guo dà bìng ma?
니 총 치엔 더 꾸워 따 삥 마

당신은 특이체질입니까?

你 是 特 异 体 质 吗?
Nǐ shì tè yì tǐ zhi ma?
니 스 터 이 티 즈 마

민감 반응

敏 感 反 应。
Mǐn gǎn fǎn yìng.
민 깐 판 잉

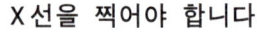

X선을 찍어야 합니다.

要 照 X 光。
Yào zhào X guāng.
야오 즈아오 꾸앙

단 어

身体健康	shēn tǐ jiàn kāng	션 티 지엔 캉	몸건강 하세요
受伤了	shòu shāng le	셔우 스앙 러	다쳤어요
看病	kàn bìng	칸 삥	진찰하다(받다)
护士	hù shì	후 스	간호사
诊室	zhěn shì	전 스	진찰실
诊疗	zhěn liǎo	전 리야오	진료(하다)
睡不好觉	shuì bù hǎo jiào	슈에이 뿌 하오 지야오 잠을 잘 자지 못하다	
失眠	shī mián	스 미엔	잠을 이루지 못하다
睡眠不足	shuì mián bù zú	슈에이 미엔 뿌 주	수면부족
恶心	ě xīn	어 씬	구역질(이)나다
呕吐	ǒu tù	오우 투	구토
发冷	fā lěng	파 렁	오한이 나다
发烧	fā shāo	파 스아오	열나다
发酸	fā suān	파 수안	나른하다
头晕	tóu yūn	터우 윈	머리가 어지럽다
鼻子不通	bí zi bù tōng	비 즈 뿌 통	코가 막히다
泻肚子	xiè dù zi	시예 뚜 즈	설사하다
便秘	biàn bì	비엔 삐	변비

병에 걸렸을 때

血压高	xuè yā gāo	쉬예 이야 까오	혈압이 높다
血压低	xuè yā dī	쉬예 이야 띠	혈압이 낮다
风湿病	fēng shī bìng	펑 스 삥	류마티즘
过敏性	guò mǐn xìng	꾸워 민 씽	알레르기
胃口	wèi kǒu	우에이 커우	위
头痛	tóu tòng	터우 통	두통
咳嗽	ké sòu	커 셔우	기침
大便	dà biàn	따 비엔	대변
小便	xiǎo biàn	시야오 비엔	소변
感冒	gǎn mào	깐 마오	감기 걸리다
流鼻涕	liú bí tì	리유 비 티	콧물이 나다
老病	lǎo bìng	라오 삥	지병
犯病	fàn bìng	판 삥	지병이 재발하다
扁桃腺	biǎn táo xiàn	비엔 타오 시엔	편도선
肿	zhǒng	쭝	붓다
胃肠	wèi cháng	우에이 츠앙	위장
肝	gān	깐	간
肚子痛	dù zi tòng	뚜 즈 통	배가 아프다
阑尾炎	lán wěi yán	란 우에이 이엔	맹장염
慢性	màn xìng	만 씽	만성

急性	jí xìng	지 씽	급성
虫牙	chóng yá	충 이야	충치
烧伤	shāo shāng	스아오 스앙	화상
打针	dǎ zhēn	따 전	주사맞다 놓다)
骨折	gǔ zhé	꾸 즈어	골절
扭伤	niǔ shāng	니여우 스앙	삐다
热度	rè dù	르어 뚜	열
量体温	liáng tǐ wēn	리양 티 우언	체온을 재다
退烧	tuì shāo	투에이 스아오	열 내리다
药店	yào diàn	야오 디엔	약국
中药	zhōng yào	쭝 야오	중국약
摔倒了	shuāi dǎo le	슈아이 따오 러	엎어져 넘어졌다
医药费	yī yào fèi	이 야오 페이	약값
诊断书	zhěn duàn shū	전 뚜안 슈	진단서
内科	nèi kē	네이 커	내과
外科	wài kē	와이 커	외과
急诊室	jí zhěn shì	지 전 스	응급실
救急室	jiù jí shì	지여우 지 스	구급실
糖尿病	táng niào bìng	탕 니아오 삥	당뇨병
减肥	jiǎn féi	지엔 페이	살빼다
麻痹	má bì	마 비	마비되다

병에 걸렸을 때

도난 · 분실의 경우

가까운 공안국에 있는 외사과(外事科)를 찾아서 신고하십시오. 아니면 호텔에 있는 종업원에게 부탁하십시오.
경찰신고 : 110번

살려 주십시오!(도와주십시오)

救 命 啊！
Jiù mìng a!
지여우 밍   아

도둑이야!

有 贼 呀！
Yǒu zéi ya!
여우즈에이 아

경찰을 불러주세요.

叫 警 察。
Jiào jǐng chá.
지야오 징 츠아

저 사람이 범인입니다.

那 个 人 是 犯 人。
Nà ge rén shì fàn rén.
나   꺼   런   스   판   런

公安局	꿍 안 쥐	공안국
外事处	와이 스 츄	외사처
小偷	시야오 터우	도둑
扒手	파 셔우	소매치기

제 지갑을 도둑 맞았습니다.

我 的 钱 包 被 偷 了。
Wǒ de qián bāo bèi tōu le.
워 더 치엔 빠오 베이 터우 러

안에는 여권과 운전면허증이 있습니다.

里 面 有 护 照, 驾 驶 执 照。
Lǐ miàn yǒu hù zhào, jià shǐ zhí zhào.
리 미엔 여우 후 즈아오 지야 스 즈 즈아오

또 2000원과 신용카드가 있습니다.

还 有 两 千 块 跟 信 用 卡。
Hái yǒu liǎng qiān kuài gēn xìn yòng kǎ.
하이 여우 리양 치엔 콰이 껀 씬 융 카

500원 인민폐를 잃어버렸습니다.

丢 了 五 百 块 钱 的 人 民 币。
Diū le wǔ bǎi kuài qián de rén mín bì.
디여우러 우 바이 콰이 치엔 더 런 민 삐

도난 · 분실의 경우

危险	우에이 시엔	위험하다
签证	치엔 즈엉	사인하다, 비자
现款	시엔 콴	현금
旅行支票	뤼 싱 즈 피야오	여행자 수표

2시간 전 공원 앞에서 입니다.

两 个 小 时 以 前 在 公 园 前 面。
Liǎngge xiǎo shí yǐ qián zài gōng yuán qián miàn.
리양 꺼 시야오 스 이 치엔 즈아이 꿍 위안 치엔 미엔

어디에서 잃어버렸는지 기억이 안 납니다.

我 不 记 得 忘 在 哪 里。
Wǒ bú jì de wàng zài nǎ li.
워 부 찌 더 왕 즈아이 나 리

당신이 반드시 찾아주셔야 합니다.

你 一 定 要 帮 忙 找 到。
Nǐ yí dìng yào bāng máng zhǎo dào.
니 이 띵 야오 빵 망 즈아오 따오

한국 대사관에 전화 걸려고 합니다.

我 要 给 韩 国 大 使 馆 打 电 话。
Wǒ yào gěi Hán guó dà shǐ guǎn dǎ diàn huà.
워 야오 게이 한 꾸워 따 스 꾸안 따 디엔 화

단어

手提包	shǒu tí bāo	셔우 티 바오	핸드백
旅行包	lǚ xíng bāo	뤼 싱 바오	여행가방
美元	měi yuán	메이 위안	달러
机票	jī piào	지 피야오	비행기표
手表	shǒu biǎo	셔우 비야오	손목시계
强暴	qiáng bào	치양 바오	난폭하다
骗子	piàn zi	피엔 즈	사기꾼
吸毒	xī dú	시 뚜	(아편 따위를) 피우다
鸦片	yā piàn	이야 피엔	아편
贩卖	fàn mài	판 마이	팔다
安全	ān quán	안 취엔	안전
治安	zhì ān	즈 안	치안
保护	bǎo hù	바오 후	보호하다
迷路	mí lù	미 루	길을 잃다
遗失	yí shī	이 스	분실하다
身分证	shēn fèn zhèng	선 펀 즈엉	신분증
复印	fù yìn	푸 인	복사하다

도난 · 분실의 경우

找到了	zhǎo dào le	즈아오 따오 러	찾았다
没找到	méi zhǎo dào	메이 즈아오 따오	찾지 못했다
找不到	zhǎo bu dào	즈아오 부 따오	찾을 수 없다
找得到	zhǎo de dào	즈아오 더 따오	찾을 수 있다
报警	bào jǐng	바오 징	경찰에 신고하다
被骗	bèi piàn	베이 피엔	사기당하다
今天	jīn tiān	찐 티엔	오늘
昨天	zuó tiān	즈워 티엔	어제
明天	míng tiān	밍 티엔	내일
前天	qián tiān	치엔 티엔	그저께
后天	hòu tiān	허우 티엔	모레
今年	jīn nián	찐 니엔	올해
去年	qù nián	취 니엔	작년
明年	míng nián	밍 니엔	내년
前年	qián nián	치엔 니엔	재작년
后年	hòu nián	허우 니엔	내후년
早上	zǎo shàng	즈아오 스앙	아침
中午	zhōng wǔ	쯍 우	정오
晚上	wǎn shàng	완 스앙	저녁
上午	shàng wǔ	스앙 우	오전

下午	xià wǔ	샤 우	오후
一年	yì nián	이 니엔	1년
两年	liǎng nián	리양 니엔	2년
三年	sān nián	쓰안 니엔	3년
一个月	yí ge yuè	이 꺼 위예	한 달
两个月	liǎng ge yuè	리양 꺼 위예	두 달
一个礼拜	yí ge lǐ bài	이 꺼 리 바이	1주일
两个礼拜	liǎng ge lǐ bài	리양 꺼 리 바이	2주일
一天	yì tiān	이 티엔	하루
两天	liǎng tiān	리양 티엔	이틀
一个小时	yí ge xiǎo shí	이 꺼 시야오 스	1시간
两个小时	liǎng ge xiǎo shí	리양 꺼 시야오 스	2시간
十分	shí fēn	스 펀	10분
二十分	èr shí fēn	얼 스 펀	20분
三十五分	sān shí wǔ fēn	쓰안 스 우 펀	35분
星期一	xīng qi yī	씽 치 이	월요일
星期二	xīng qi èr	씽 치 얼	화요일
星期三	xīng qi sān	씽 치 쓰안	수요일
星期四	xīng qi sì	씽 치 쓰	목요일
星期五	xīng qi wǔ	씽 치 우	금요일

도난 · 분실의 경우

星期六	xīng qi liù	씽 치 리유	토요일
星期天	xīng qi tiān	씽 치 티엔	일요일
一点	yì diǎn	이 디엔	1시
两点	liǎng diǎn	리양 디엔	2시
三点	sān diǎn	쓰안 디엔	3시
四月	sì yuè	쓰 위예	4월
五月	wǔ yuè	우 위예	5월
六月	liù yuè	리유 위예	6월
一百	yì bǎi	이 바이	백
两百	liǎng bǎi	리양 바이	이백
一千	yì qiān	이 치엔	천
两千	liǎng qiān	리양 치엔	이천
一万	yí wàn	이 완	만
两万	liǎng wàn	리양 완	이만
春天	chūn tiān	춘 티엔	봄
夏天	xià tiān	시야 티엔	여름
秋天	qiū tiān	치여우 티엔	가을
冬天	dōng tiān	똥 티엔	겨울
一个	yí ge	이 꺼	한 개
两个	liǎng ge	리양 꺼	두 개

| 一本 | yì běn | 이 번 | 한 권 |
| 两本 | liǎng běn | 리양 번 | 두 권 |

도난 · 분실의 경우

이가춘

산동성 출신으로 이화여대 국문과를 졸업한 후 성균관대에서 미학으로 철학 박사 학위를 받았다. 현재 동국대 대우 교수로 있다. 중국인이지만 막힘없는 우리말 구사 덕에 여러 중국어 교재를 저술하였고, 중국문학을 한국어로 번역하고 있다.
저서로는 『포켓 중국어 여행회화』, 『중국어 입문』, 『한중 중국어 단어집』 등이 있다.

막힘없이 통하는 여행 **중국어 회화**

초판1쇄 · 2002년 4월 13일
초판5쇄 · 2006년 10월 10일

저　자 · 이가춘
발행인 · 이재명
발행처 · 삼지사
등　록 · 1983.8.1. 제 4-6호
서울특별시 중구 신당동 249-20
전　화 · 2234-4560, 0733
팩　스 · 2232-3710
홈페이지　www.samjisa.com

정　가 7,500원 (교재+TAPE2개)
저자와의 합의로 검인생략
ISBN 89-7358-321-2　18720

『삼지 포켓 여행회화 시리즈!』

여행자의 언어 소통 이책으로 즉시 해결!

짧은 문장으로 쉽게 통하는 여행회화!

- ■ 여행체험에 의한 실용표현 수록
- ■ 5단언 미만의 실용적인 짧은 예문으로 구성
- ■ 현지어 발음 원칙에 의거한 발음 표기
- ■ 정확한 발성연습을 위한 카세트 테이프 준비

● **포켓 영어 여행회화** ··············
  신명섭 저/5・7반판/272p/TAPE2개

● **포켓 일본어 여행회화** ··············
  오현숙 저/5・7반판/336p/TAPE2개

● **포켓 중국어 여행회화** ··············
  이가춘 저/5・7반판/286p/TAPE2개

● **포켓 프랑스어 여행회화** ··············
  전경준 저/5・7반판/224p/TAPE2개

『짧은 문장으로 쉽게 통하는 여행회화!』

- **포켓 태국어 여행회화** ··············
  차상호 저/5・7반판/224p/TAPE2개

- **포켓 인도네시아어 여행회화** ············
  고영훈 저/5・7반판/224p/TAPE2개

- **포켓 미얀마어 여행회화** ··············
  최재현 저/5・7반판/264p/TAPE2개

- **포켓 몽골어 여행회화** ················
  유원수 저/5・7반판/356p/TAPE2개

- **포켓 힌디어(인도어) 여행회화** ············
  김우조 저/5・7반판/388p/TAPE2개

- **포켓 아랍어 여행회화** ················
  송경숙 저/5・7반판/240p/TAPE2개

- **포켓 네덜란드어 여행회화** ············
  김영중 저/5・7반판/395p/TAPE2개

『여행자의 언어소통
이책으로 즉시해결!』

- **포켓 독일어 여행회화** ·····················
  신형욱 저/5 · 7반판/256p/TAPE2개

- **포켓 스페인어 여행회화** ·····················
  황순양 저/5 · 7반판/304p/TAPE2개

- **포켓 이태리어 여행회화** ·····················
  한성철 저/5 · 7반판/208p/TAPE2개

- **포켓 포르투갈어 여행회화** ·····················
  최영수 저/5 · 7반판/272p/TAPE2개

- **포켓 루마니아어 여행회화** ·····················
  김성기 저/5 · 7반판/224p/TAPE2개

- **포켓 러시아어 여행회화** ·····················
  강흥주 저/5 · 7반판/336p/TAPE2개

- **포켓 베트남어 여행회화** ·····················
  김기태 저/5 · 7반판/320p/TAPE2개